コミックエッセイ

1ヵ月でいらないモノ8割捨てられた!

私の断捨離

なとみみわ
やましたひでこ〈監修〉

講談社

1カ月でいらないモノ8割捨てられた！

私の断捨離

はじめに

みなさまこんにちは。
イラストレーターなとみみわです。

小さい時からいっつも母に「片づけなさい！」
と叱られておりました。とにかく面倒くさがり屋で、
使うものは手の届く範囲に置いておきたいし、
一度座ったら、二度と立ち上がりたくない。
部屋を掃除する時は、人が遊びに来る時か、
ホコリでくしゃみが止まらなくなった時。

でもそれでいいんだと思っていました。
だって、部屋が散らかっていても別に死ぬわけじゃないし、

だいたい断捨離、断捨離って、モノを捨てただけで、
幸せになれるわけがないじゃない！って。

でも本当は分かっていました。
汚いよりキレイがいいに決まってるってこと。
50歳手前でおひとりさまになって、
人生第2章は絶対に自分を幸せにするんだ！と、
ついに重い腰をあげ、「断捨離の扉」を
そ～っと開いたのがこの本です。

なんだか毎日不安と不満でもやもやする、
私の人生このままでいいのかな……
と思っているそこの方！
私と一緒にいらないモノを捨てて、
お部屋も心もスッキリしませんか？

CONTENTS

姉
妹
め
ま

それ…
もったいなくな…？

第1話 人生の断捨離！ ひとり（＋1匹）暮らし始めました

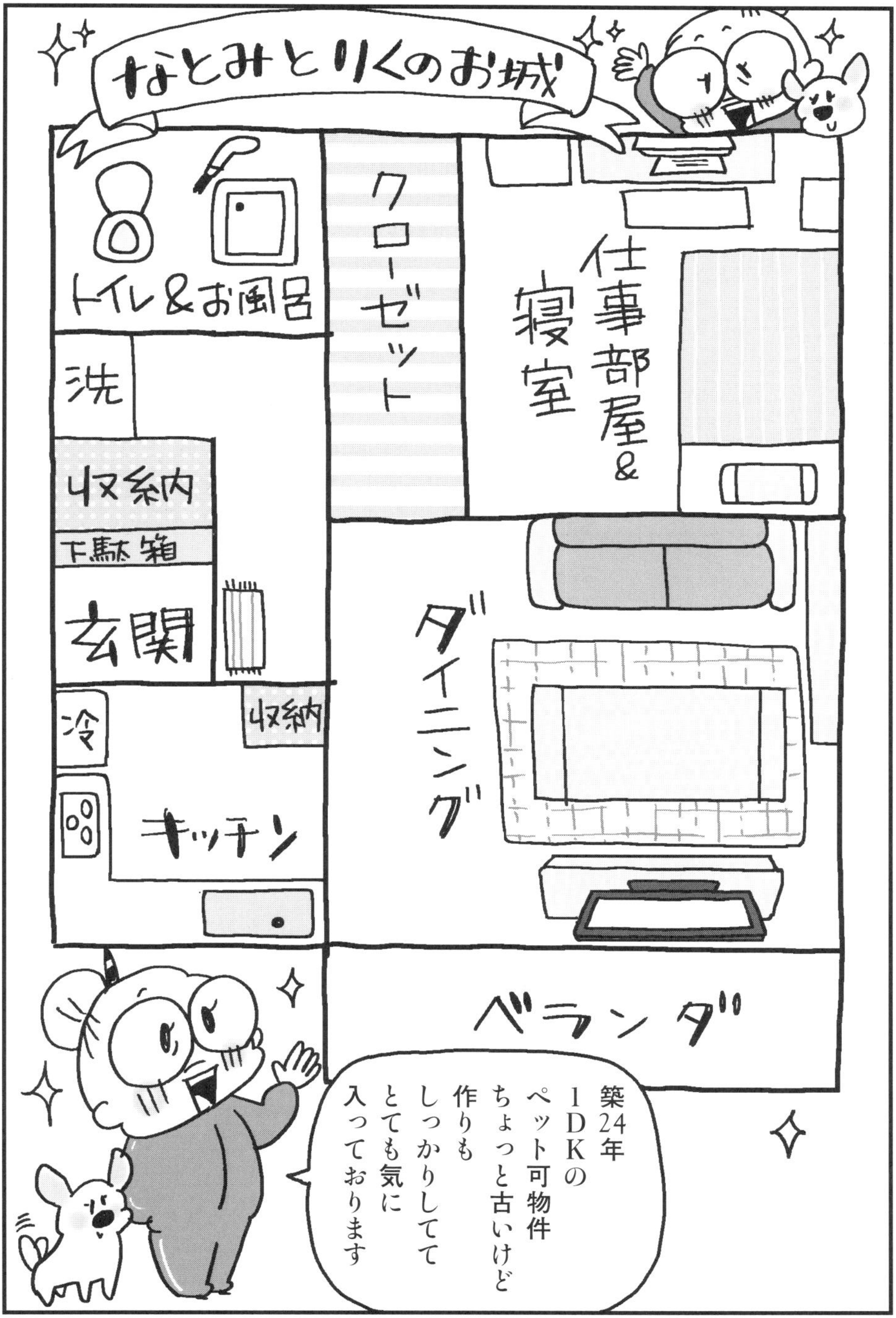
なとみとりくのお城
トイレ&お風呂
クローゼット
仕事部屋&寝室
洗
収納
下駄箱
玄関
ダイニング
冷
収納
キッチン
ベランダ
築24年 1DKの ペット可物件 ちょっと古いけど 作りも しっかりしてて とても気に 入っております

家具にもこだわり
リビングは憧れの
北欧家具で統一！
ソファ
照明
大きいテーブル
テレビボード
ちょっと無理したけど
自分の好きなモノに
囲まれているって
すっごい　いいね♡

スッキリ
引っ越しで少しモノも捨てたから家の中もスッキリしてる♡♡
……以前住んでたマンションはモノであふれてぐっちゃぐちゃで毎日 仕事して食べて 寝てをくり返すだけの住まいだった……
空気もよどんでいた気がする…
だから新居はこのキレイをずっと継続させるのだ！
ガンバるぞ!!
オー!!
なーんて意気込んでたくせに……
5ヵ月後――
はぁ〜…
疲れた〜 ちょっと休けいすっか
ふわぁ〜〜…
ねむ〜

……
わ～ 山が崩れた！
仕事忙しくなると資料の山が……
トン…
……
……
デスクの左どなりの棚にも
どん！
右どなりのワゴンにも
どん!!
床にまで……
どどん！

いつのまにやら
…あれ?
あれれ?
山がいっぱい
…
こだわったリビングもいつのまにやら
脱いだ服
とりこんだ洗濯物
pizza
寿司
化粧品とか
郵便物とか

……ま
まだ 大丈夫だって
このぐらい、本気出したらすぐに片づけられるってね〜〜〜？
ほんとに？

朝
……ん
ふあ〜〜〜…
マンガのラフ描きながら寝ちゃったのか……
相変わらずメガネも電気もつけたまんま…
にしても
……
なんでベッドの上にあんなにモノがのってんだろう？
あ〜 そうそう仕事で見た資料をとりあえず後ろのベッドに置くからか……
パサッ

ん？ なんでベッドの上に資料を置いちゃうんだろう？
ムクッ
そうだ そうだ デスクに置けないからか
いつ見てもやる気が失せるデスク周り……
……やっぱデスクに置いてある このプリンターがじゃまなんだよなぁ〜
デスクの1/3は占拠してるよ
あれ？ なんでプリンターここに置いてるんだ？ プリンター用のワゴン買ったよね？
あ そうそう！ プリンターとMacを繋ぐケーブルが短すぎて ワゴンに置いたら届かなかったからだ！
みじかっ！
ケーブル買ってくるまではとりあえずここに……♡
ポンポン
ってことでずっとここかぁ
ケーブル買ってないや…

広いデスクでゆったり仕事したくって この机買ったのに
せ、せまっ!!
作業スペースほぼゼーロー
プリントしたら紙が折れ曲がっている
じゃ、じゃばら!?
キーボードを置く台に紙があたるのよ
請求書
よーし!
今からプリンターを移動しよう!
今から?
思い立ったが吉日だよ!
広い作業スペースを手に入れよう!
ケーブルは明日買ってくるぞ!
…今から?
ワゴンやっと君を使える
おまたせ♡
わーい!!
ワゴン
モリッ
○○薬
濃
のうこう
銀のミルク

え〜っと まずは
あのワゴンにのってる
人たちをどけて……
プリンターの上にいる
人たちもどけて
そしたら どけた
みなさまは
どうするか……
とりあえず
ベッドに避難
していただいて……
いやいやベッドはダメだわ
どっかにスペース作って
移動しなきゃダメか
う〜ん そんなスペース
あるかなぁ
ぐるぐるぐるぐる
考え中
考え中
あ〜〜
めんどくさっ
思考停止!
まっいっか!
ピキーン
とりあえず このままで
いっか……
仕事が一段落したら
プリンター移動しよう
ここにプリンターが
あっても 死ぬわけじゃ
ないし
片づけてる 暇など
ないのよ。 お仕事お仕事

カキ カキ カキ カキ…
あ 間違えた
消しゴム
消しゴム
あれ〜?
どこだ? どこだ?
あ〜消しゴム どっかいった〜
こりゃまた「妖怪モノかくし」のしわざだね
ったく モノかくしめ いっつも人の大事なモノばっか隠しやがって
ブツ ブツ ブツ
今一番使いたいって思ったモノを上手く隠すんだよな〜
ないない ならい
ようかい?

もう！探す時間がもったいない！
買いに行ってくる!!
え〜っと財布財布…
まったくモノかくしめ〜！
なんかいっつもモノ探してる気がするなぁ
早く仕事しなきゃダメなのにぃ
あ、最近ポスト見てないや
ただいまー
結構たまってた
りくちゃんいい子で待ってた〜？
おかえりー
おかえりー
さ〜て仕事仕事〜
バサ
バサッ

はあ〜〜
やっと仕事ができるぞ!
ペリペリ
消しゴムの包装
…
遠っ!
ゴミ箱
さてと、やるかな!!
またそんなとこに置いたな
そっと…
かきかき
かきかき
……
20分後
……あれ〜
ねぇねぇりくちゃ〜ん
お母さんの定規見なかった?
こうしてモノ探しは1日中続くのである……
今度は定規か…

COLUMN1

あなたの家にもいませんか？
こんな妖怪パート1!!

妖怪
モノかくし

その時一番使いたいモノを隠す妖怪。
忙しい時出現率高し。
隠し方が結構雑♥

妖怪モノかくしに隠されやすいモノ ベスト10!!

●1 財布	●6 ハサミ
●2 スイカ・パスモ	●7 リップクリーム
●3 スマホ	●8 メガネ
●4 カギ	●9 ポケットティッシュ
●5 ペン・消しゴム	●10 名刺入れ

第2話　いつのまにか散らかるわが家

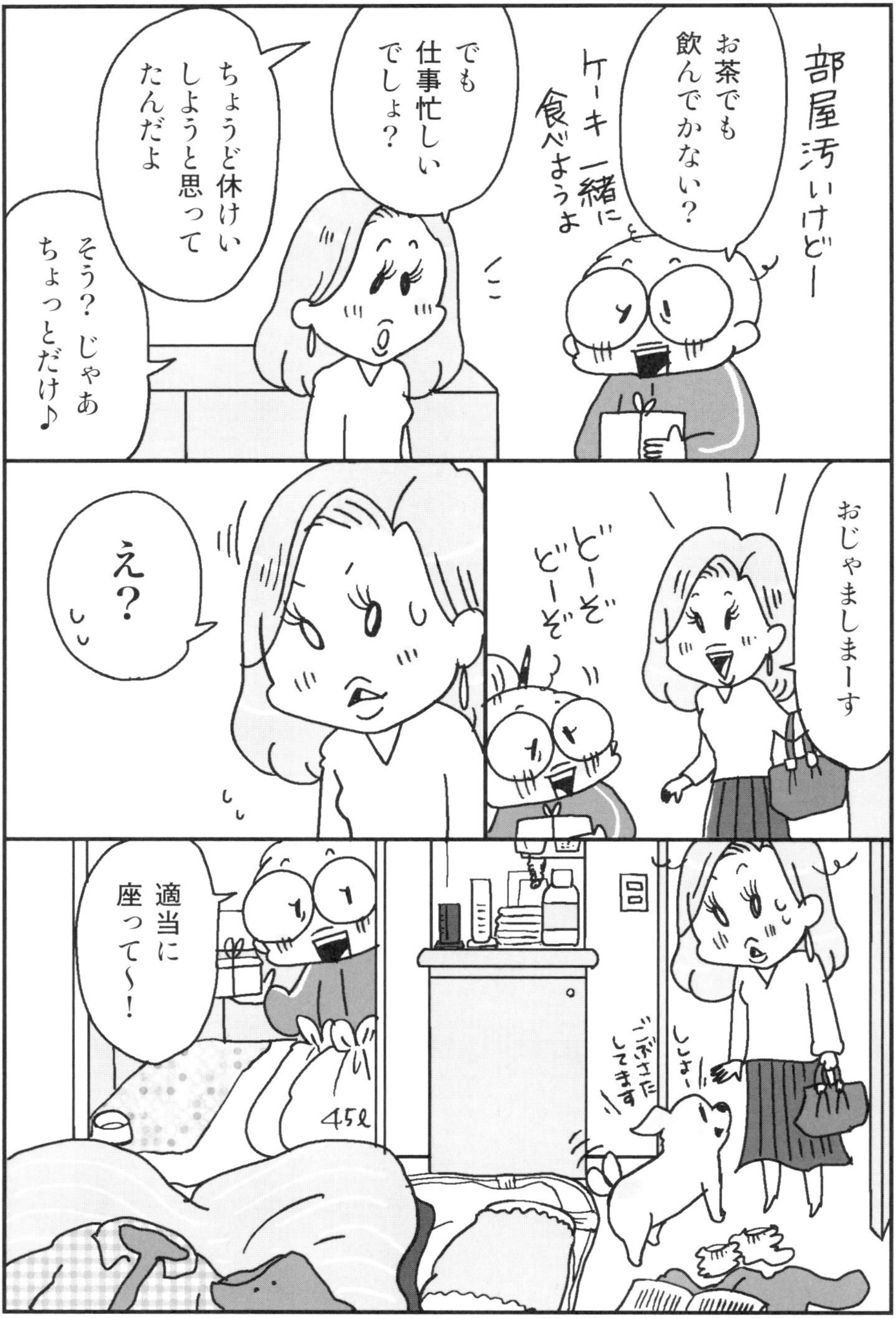
部屋汚いけどー
お茶でも飲んでかない？
ケーキ一緒に食べようよ
でも仕事忙しいでしょ？
ちょうど休けいしようと思ってたんだよ
そう？じゃあちょっとだけ♪
おじゃましまーす
どーぞどーぞ
え？
しじょー
ごぶさたしてます
適当に座って〜！
45ℓ

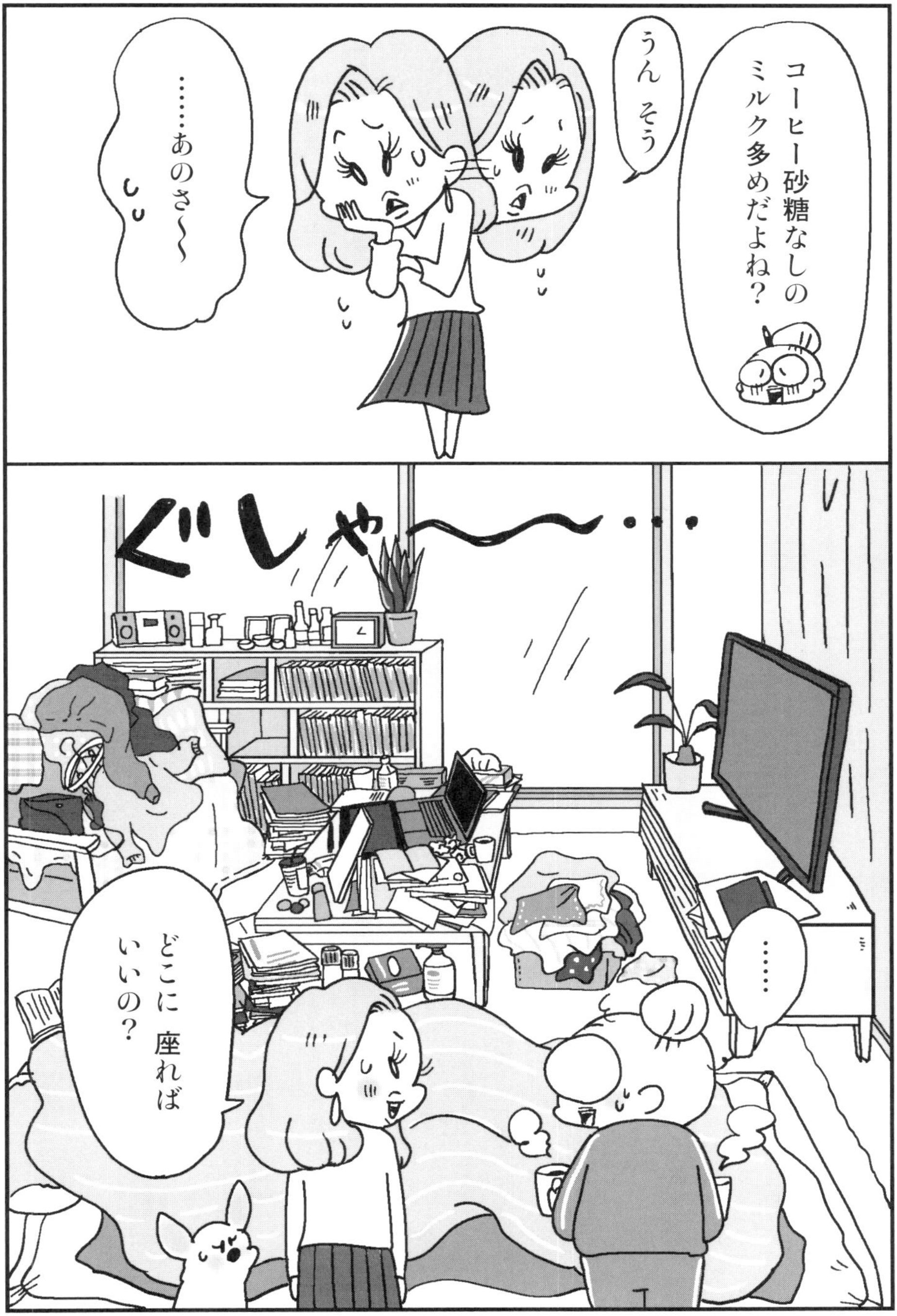
コーヒー砂糖なしのミルク多めだよね？
うん そう
……あのさ〜〜
ぐしゃ〜〜〜…
どこに 座ればいいの？
……

ごめんごめん すぐにどかすから ちょっと待っててね
今忙しくて そうじできなくて
……よく こんなきったない 部屋に人を入れられるよね さすが みわちゃん
てへ♡ ほめられちゃった♡
……ほめて ねーわ
今 リビングで 仕事してるの？
……うん たまにはね 気分転換 だよ
……ここで 寝てるの？
き 気分 転換だよ
布団たたまないの？
敷いておくとさ いつでも体操 できて 便利なんだよ～
ヨガマット的な？
いててて…

いや〜今本当に仕事が忙しくて掃除する暇がないんだよねー
あっ!!
こっちの部屋見たい
ガラッ
……なるほど
これじゃあこっちの部屋は使いたくないよね

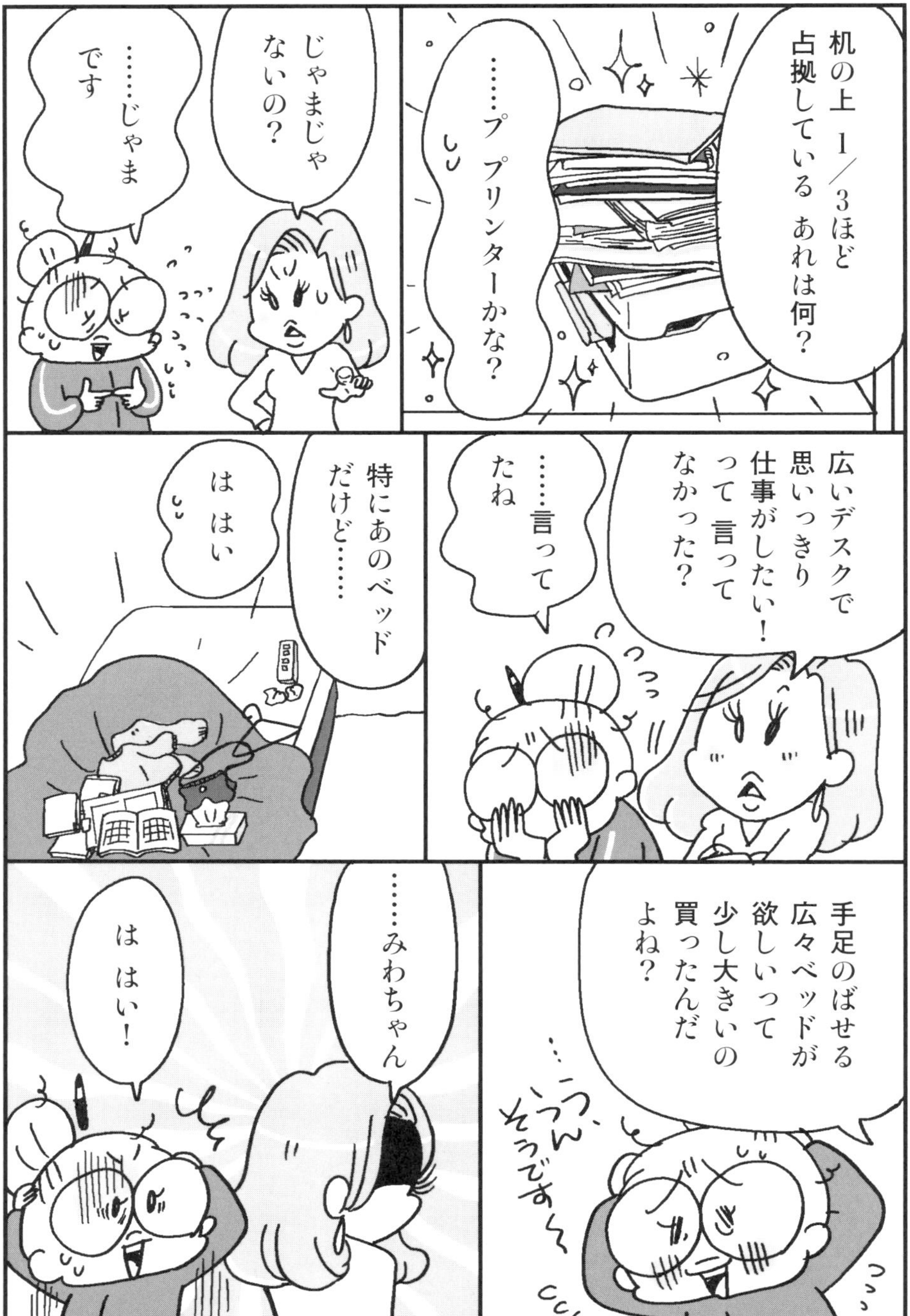
机の上 1／3ほど占拠している あれは何？
……プ プリンターかな？
じゃまじゃないの？
……じゃまです
広いデスクで思いっきり仕事がしたい！って 言ってなかった？
……言ってたね
特にあのベッドだけど……
は はい
手足のばせる広々ベッドが欲しいって少し大きいの買ったんだよね？
…う、うん そうです〜
……みわちゃん
は はい！

人がせっかく引っ越し手伝ってやったのに～
たった5ヵ月でこの有様とはどーいうつもりだ!!
すすすいませんっ!!
家具が泣くわっ!!
もう洋服かけておくならこのソファ持って帰るぞ!!
かんべんしてっっ～
……ちょっと思ったんだけどさー
なんか前住んでたマンションの部屋みたいになってきてない?
え?

あはは
「前のマンションみたいになってきてるよ」だって……
んなことないよねー? りくちゃん
ーうん… ちょっと思う
ガーン…!
そ そうなのっ!?
ねーーー♡ りくちゃんもそう思うよねー
前のマンションは本当 モノでいっぱいだったよねー
雑誌とか書類がそこら中に積み上がっててさー
そっこら中に脱いだ服も山積みだったね
寝る場所がなくてリビングのソファや床で布団も敷かずに寝てたしねー
そーそー
そーだったね
……同じだね

みわちゃんはさー
自分を もっと
大切にしたくって
ひとりになったん
でしょ？
こく こく こく こく
……
また 前みたいな
部屋に
戻りたい？
ぶんぶんぶんぶん
だよね♪

ひとりで片づけるの大変だったら連絡ちょーだい♡
いらないモノ全部捨ててあげる♡
じゃあね！
ばいばい…
師匠ありがとうでも……
二度と前みたいな部屋にしたくない！
だから今すぐ片づける!!
いいね

COLUMN2

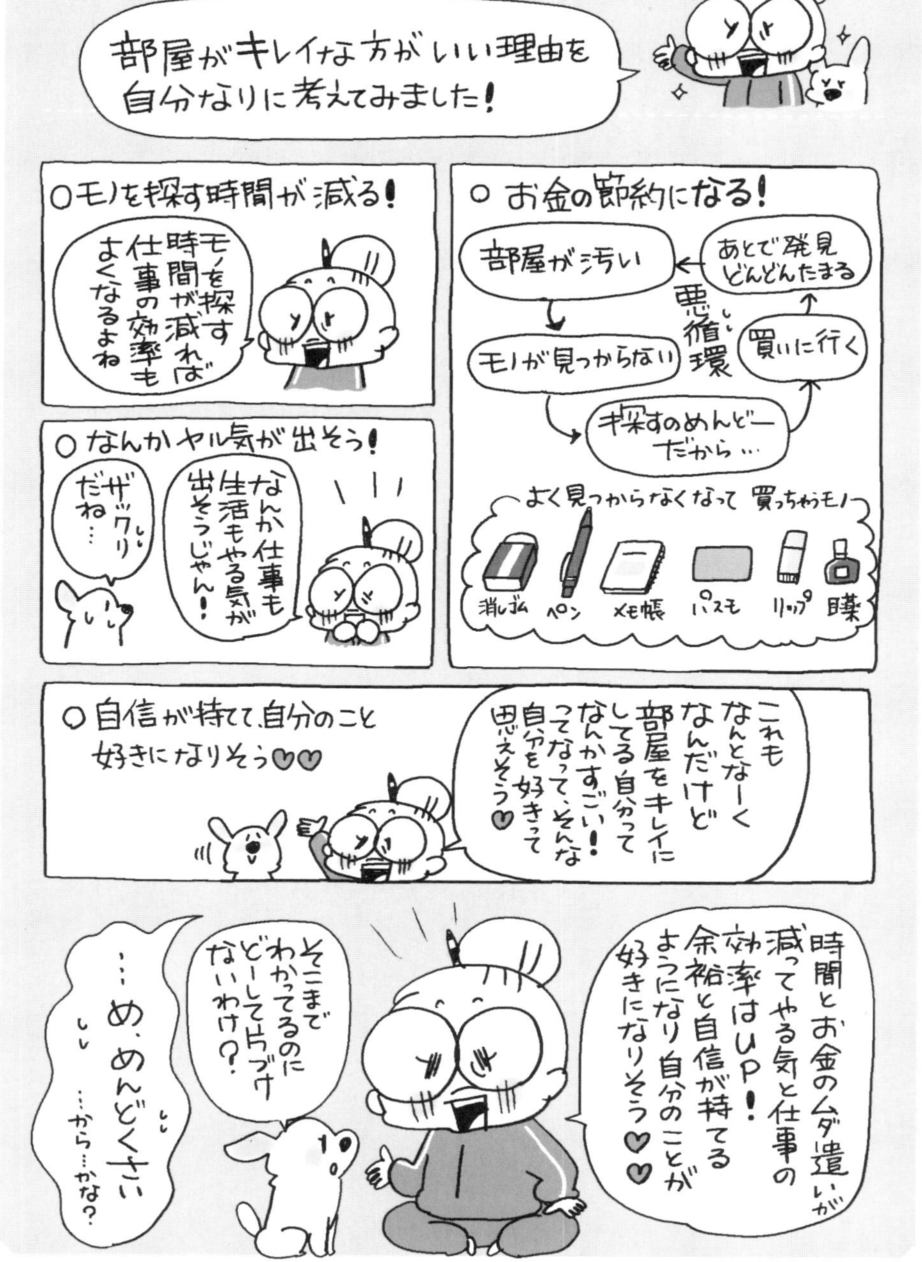
部屋がキレイな方がいい理由を自分なりに考えてみました!
○モノを探す時間が減る!
モノを探す時間が減れば仕事の効率もよくなるよね
○お金の節約になる!
部屋が汚い
モノが見つからない
探すのめんどーだから…
買いに行く
あとで発見どんどんたまる
悪循環
よく見つからなくなって買っちゃうモノ
消しゴム
ペン
メモ帳
パスモ
リップ
目薬
○なんかヤル気が出そう!
なんか仕事も生活もやる気が出そうじゃん!
ザックリだね…
○自信が持てて、自分のこと好きになりそう♡♡
これもなんとなーくなんだけど部屋をキレイにしてる自分ってなんかすごい!ってなって、そんな自分を好きって思えそう♡
時間とお金のムダ遣いが減ってやる気と仕事の効率はUP!余裕と自信が持てるようになり自分のことが好きになりそう♡♡
そこまでわかってるのにどーして片づけないわけ?
…め、めんどくさい
…から…かな?

第3話 いざ片づけ！ やってみたはいいものの……

なぜかいるピ●チュウ…
事の書類etc…が
った「とりあえずBOX」
（拡大図）
デスクの1/3を占拠しているプリンター
プリンターの上にも書類の山が…
「とりあえずBOX」とは
どこに片づければいいのか
わからないモノたちを
「とりあえずここに」と、入れて
おく箱のことです！
（拡大図）
デスク
プリンターを置くはずのワゴンには
コスメ類がつまった「とりあえずBOX」が…
資料
山
仕事でもらった化粧品や試供品、
使いかけのものなどが…
もったいなくて捨てられない…
どうしても欲しくて買った美顔器
まったく使ってないのに
専用ジェルが毎月届く…
（定期しばり…）
脱ぎっぱなしの服
基本的にりくの散歩に
行くときしか着がえない！
1日中スエット上下で
過ごす
ベッド
ゆっくり体を休めるたくて
セミダブルのベッドにしたが
モノでいっぱいで
寝にくい…し。
枕周りにはマンガ、本
ティッシュが基本
本棚
ソファ
大好きなマンガコーナー♡
陸奥A子たん♡
くらもちふさこさん♡
一条ゆかりさんのマンガ
ガラスの仮面、山下和美さん
も大好き！ 岡崎京子さん
は 神サマです♡♡
毛布
ゴミ箱パンパン
床に敷いた毛布は暖を取るため＆すぐ寝るため
テレビ
さてと……
まずはどこから
片づけて
いこうかなぁ……
？？
やっぱりモノが多いのかなあ…
うん… 多いねー
たそがれ時に見つけたの
砂の城
東京のカサノバ
アマテラス
リバーズ・エッジ
ダンディーとわたし
少女マンガ大好き♡
ヨガマットのかわりと言い張った
敷きっぱなしの布団は…
すいません！ やはりただのめんどくさがりであります
ふん！それバレてるからね！
テレビ台の収納には
なぜかCDが10枚
ほど入っている。
他はほぼ何も
入ってない。なぜだ？なぞ！

トイレットペーパーとティッシュのストックなくなると怖いので…サグラダ・ファミリアのようにどんどん増えていく
ティッシュ
どーん
タオル
どどーん
トイレットペーパー
ヘアムースやヘアスプレーの空缶も捨て方がわからずたまる
ヘアスプレー
使い捨てのコンタクトレンズのケースもめんどうで捨ててないからたまりがち
使い古したハブラシ 掃除に使うからと捨てられず 4本あり
洋服結構捨てたのになぜかパンパンのクローゼット…しし
ギュウギュウ
使いかけのパックとか化粧水が
ちょっとよさげなやつ
紙袋・梱包材 「いざ」という時のためとってある
こういうの
おり重なるバッグたち…
試供品
シャンプー
試供品のシャンプーリンス
私はビニール傘
なくすから…
かさを持って外出するのがめんどうで雨のたび買うので増える
サイズが小さくてはけないレインブーツとくつ。いつかはけるかも！？いや無理だろ…
ギョーザのタレ、カラシ 6Pチーズの1Pあたりがチルド室に…しし
タレ
使いかけのドレッシングもたまりがち
柄の長いプラスチックのスプーンも大好き♡便利！
出前でもらうレンゲが大好き♡ 前の家から持ってきた
コンビニや出前でもらう割りばしやスプーンが大量にある（捨てられない）
S師匠にもらったホットプレート ファミリータイプだから使ってないしし
3枚!!
じゃまし!!
ホットサンドメーカー ひとりになって出番なし…
箱から出してない 未使用
ハンドミキサー
シフォンケーキを作りたくて買った型とハンドミキサー もちろん未使用♡
S師匠たちに引っ越し祝いで（頼んで）買ってもらったビールサーバー 準備も片づけもめんどうくさくって2回しか使ってない
おいしいんだけどね。
輪ゴムかけになってる…
トイレ&お風呂
クローゼット
洗濯機
収納
下駄箱
玄関
冷
キッチン
収納
布団
ソファは洗濯物置き場 たたまずここから直接取って着るスタイル
なぜか4つもあるフライパンたち
未使用
そば打ち機 家でソバを作りたくて買ったのに箱から1度も出してない
ソーダストリーム ガス交換がめんどうで使っていません

引っ越しで かなり
捨てたと思ったのに
モノって
たまるねー
油断はキンモツ～
よっしゃっ！
まずは
「とりあえずＢＯＸ」
から攻めてみるか！
もう一度
説明しよう！
とりあえずBOXとは!?
どこに片づければ
いいのか
わからないモノを…
とりあえず
ここに…
と言って
一時避難的に
入れておく箱のこと
わが家の
とりあえずBOXたち
仕事の
色々が入っている
3号！
薬系が入っている
2号
4号！
文房具系の？
が入っている？
化粧品
ぽいのが
入ってる
1号
最初は
3つだったのに
増えたなあ…
5号
何が入って
いるのか
よくわからない
6号
前のマンションから持って
きた開かずのBOX…
…

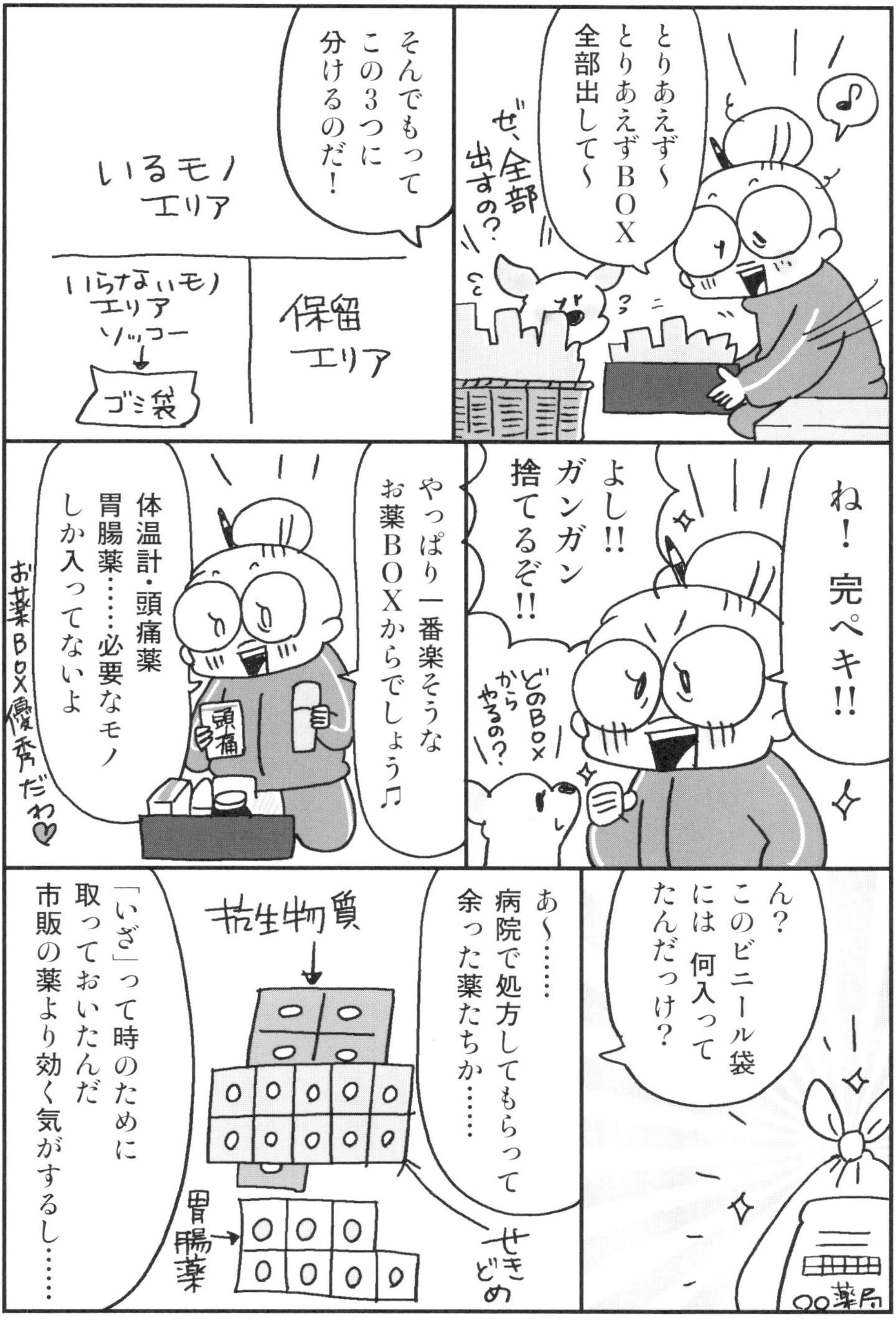
とりあえず～とりあえずBOX全部出して～
ぜ、全部出すの？
そんでもってこの3つに分けるのだ！
いるモノエリア
いらないモノエリア ソッコー ゴミ袋
保留エリア
ね！完ペキ!!
よし!! ガンガン捨てるぞ!!
どのBOXからやるの？
やっぱり一番楽そうなお薬BOXからでしょう♫
体温計・頭痛薬 胃腸薬……必要なモノしか入ってないよ
頭痛
お薬BOX優秀だわ♡
ん？ このビニール袋には 何入ってたんだっけ？
〇〇薬局
あ～…… 病院で処方してもらって余った薬たちか……
抗生物質
胃腸薬
せきどめ
「いざ」って時のために取っておいたんだ 市販の薬より効く気がするし……

でも今後
これ飲むかなぁ
使用期限とか
あるよね？
う～ん……じゃぁやっぱ
捨てるか……
しかし もしかしたら
「いざ」って時に必要に
なるかも……う～ん
と とりあえず
保留!!
保留
エリア
よし
次 いって
みよう
文房具用品（4号）の
とりあえずBOX 見てみるかな
ハサミ2つある～
っていうか
台所にもハサミ2つ
デスクにも1つある
ハサミってこんなにいる？
……ペン多すぎ！
これ全部ちゃんと
書けるの？ いや
こんなに必要？
あと 使いかけの
ポケット
ティッシュ……
おっ！
これ家具に
ついてた
組み立て用の
六角レンチや
予備のネジの方々！
じゃら…
私が
とるべき行動
①中身を確認する
②必要なモノだけよりわける
③不用なモノは捨てる
以上!!
じゃら

……あ
めんどくせ～
あとでやろうかな……
お母さん頭になんかのってるよ？
それも保留？
保留エリア
キラキラキラ
はわわわわわ…
タロー……！ジロ～～♡
前のマンションで仲良くしてたおばあちゃんからもらった手作りの犬のぬいぐるみタローとジロー♡
ぎゅ
ぎゅ～～
なとみさ～ん
引っ越しする時にもらった手作りのコースターとお手紙も出てきたよ……
これはもう完ペキに「いる」だよね
おばあちゃん元気かな
そうだ！手作りって言ったらとりあえずBOX6号の中に……
ハトちゃん

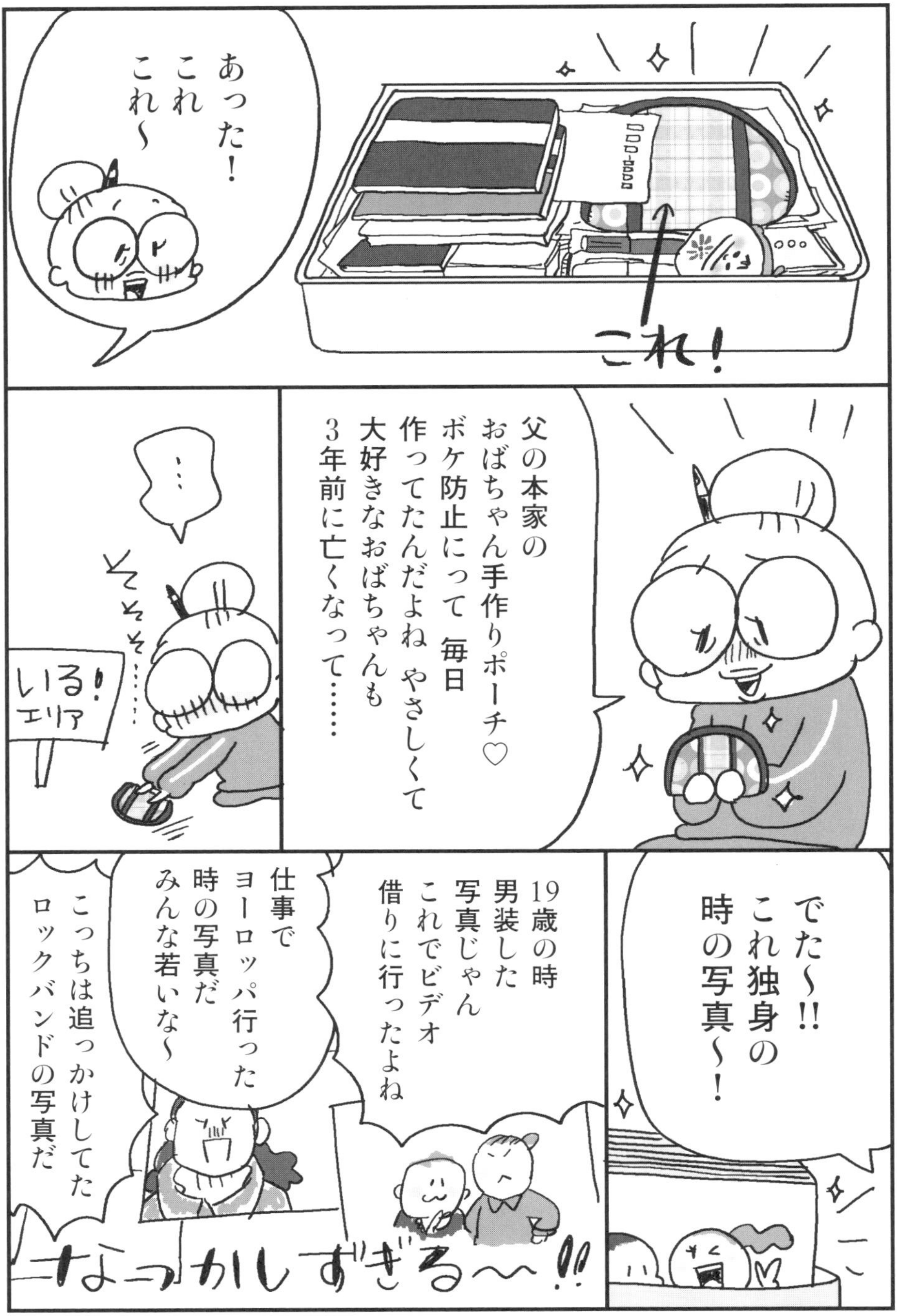

あった！これこれ～
これ！
父の本家のおばちゃん手作りポーチ♡
ボケ防止にって毎日作ってたんだよね やさしくて大好きなおばちゃんも3年前に亡くなって……
…
そそそ……
いる！エリア
でた～!! これ独身の時の写真～！
19歳の時男装した写真じゃん これでビデオ借りに行ったよね
仕事でヨーロッパ行った時の写真だ みんな若いな～
こっちは追っかけしてたロックバンドの写真だ
なつかしすぎる～!!

あ！
写真といえば アルバム
クローゼットの中に
しまってあるんだ！
え？
あ〜っはっはっ
やだ〜
この時
みんなでうちの
田舎のお祭りに
来たんだよ！
なつかしすぎて
死ぬ〜!!
アルバム
はっ!!
私
今
思い出
語ってた!?
ひぃ〜
やば〜い!!
「妖怪思い出語り」
が現れた!!
ベン！
ベベン
？
え？
？
なになに
なに？
これが出ると
ありとあらゆるモノの
思い出を語り始めて
全然片づかないわ
捨てられないわ
あげくの果てに……

逆に部屋が散らかるっていうね……
ぐしゃ〜…
45ℓゴミ袋
コンビニ
PIZZA
くすり
……
ああ……もう
もう無理〜
ぱたり…

疲れたよ
りく……
なんだか
とっても眠いんだ
ぱたぱた
わらわら わらわら
!?
ぱああああ〜〜〜
って
天に召されてる
場合か！
逃げるな！
天に!!
あの6号の
「とりあえず
BOX」は
何回もトライして
勝ち残ってきた
猛者達だもんなぁ
強敵に決まってる
じゃん……
思い出という
罠がいっぱい……

ふっ…
燃えつきたよ…
こんな片手間で戦える相手じゃなかった……
逆に部屋が散らかっただけだった……
やめとけばよかった……
ってか とりあえずBOXひとつずつやればよかった……
燃えつきるの早くない？
思考停止
ピキーン
……考えるのめんどくさくなってきた
まいっか今日はこのままで……
とりあえず寝よう！
…なによ？寝るの反対？
いや〜、寝るのが反対ってわけじゃなくて
このまんまっていうのが…
つつつ
コソコソ
……ここだけの話
部屋を片づけられない最大の理由は
「双子妖怪
めんどくせぇ〜&
まぁいっか〜」
のせいだと思うのよ……

お母さんから
全てのやる気を
うばってしまう
「双子妖怪
めんどくせぇ〜&
まぁいっか〜」
めんどくせぇ〜〜
め
あ〜めんどくせ〜
全部
ずううう…
まぁいっか〜〜
部屋汚いけど
ま、
いま、いっか…
ず〜ううう…
お母さんは一
片づけたいと
思っている
んだぞ！
…
でも〜二の妖怪があ〜
お母さんのHPとMP
をうばうのよ〜
な〜んてね
アホなこと言って
ないで片づけろ！
って話よね（笑）
でも双子妖怪って
かわいくない？
か、かわ…
ま 今は無理だけど
仕事落ち着いたら
そのうち
片づけるよ
散らかってても
別に死ぬ
わけじゃないしね
あ、それ言っちゃった…
さ、寝ようか
といっても
布団敷けないから
これじゃ
……
ベッドの方が
寝れそうだな
ごっ
ちゃり
ガガガ
ガガガ
ベッドに眠れる
スペース確保中

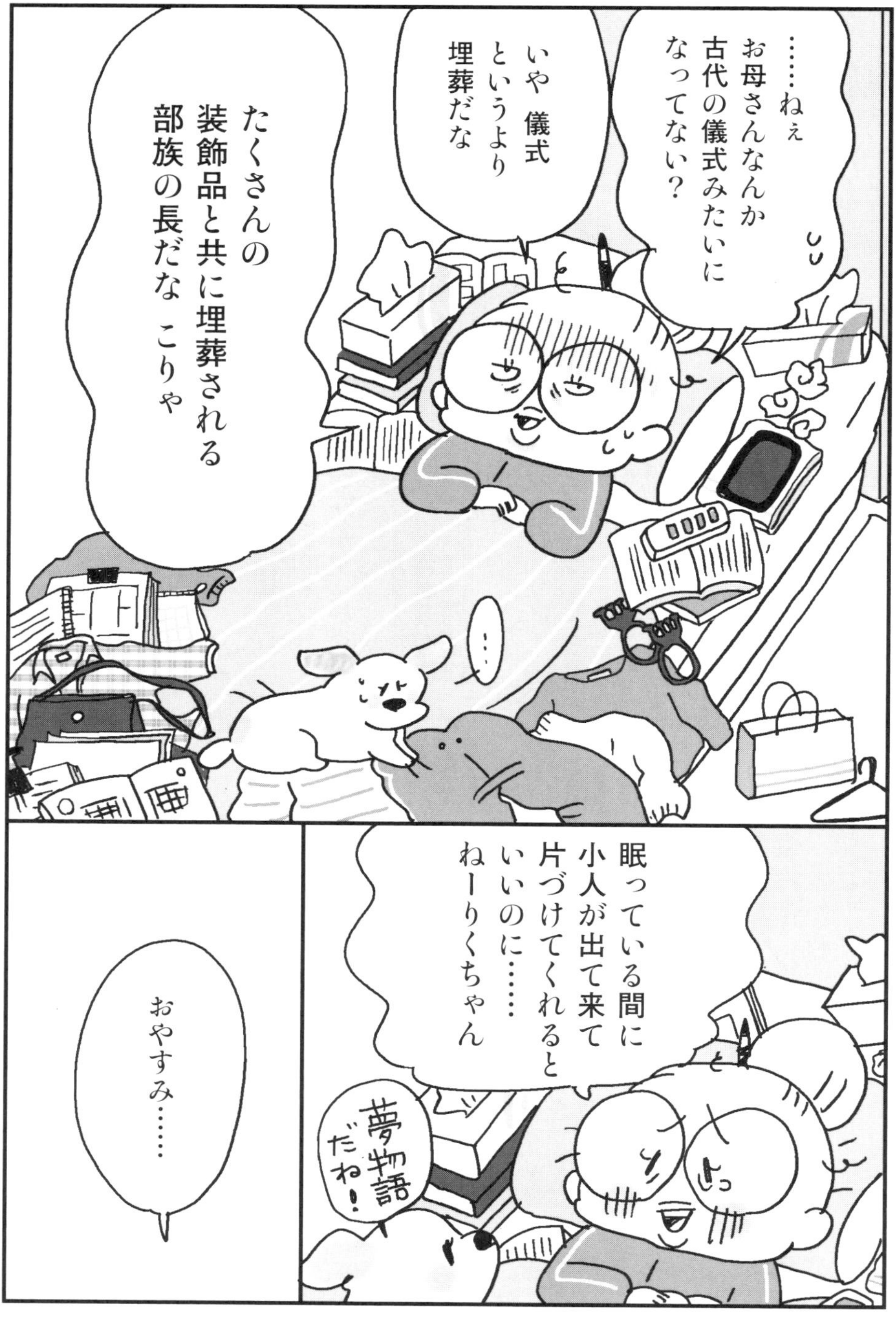
……ねぇ
お母さんなんか
古代の儀式みたいに
なってない？
いや 儀式
というより
埋葬だな
たくさんの
装飾品と共に埋葬される
部族の長だな こりゃ
…
眠っている間に
小人が出て来て
片づけてくれると
いいのに……
ねーりくちゃん
夢物語
だね！
おやすみ……

COLUMN3

あなたの家にもいませんか？ こんな妖怪 パート2!!

妖怪 思い出語り♪

片づけ始めると
三味線片手に現れて
心ゆさぶる歌を口ずさむ
それを聞いた人は
思い出の沼に沈み込み
永遠と思い出を語り始める…
気がつくと夕刻、部屋はより
いっそう散らかっているという…。

双子妖怪 めんどくせぇ～＆まぁいっか～

片づけの中盤戦になってくると、集中力のなくなった
人に憑依し、思考停止状態にしてしまう…

※ひと口メモ
2人の父は
大妖怪
どうでもえぇ～
である。

妖怪 もったいない坊や(comming soon!)

意を決してモノを捨てようと
すると、壁ごしからうるうるの
瞳で ひかえめに
「もったいなくない…？」と
訴えかけ、心を揺さぶる。

第4話 部屋が汚いと心も病んでしまうよ

つか 今は無理ってことだからね！仕事が落ち着いたら片づけるんだからね！
ま、部屋汚くても死なないしさ♪
コーヒー飲〜もおっと♪
ほ、本当？
……
コーヒーカップが全部出払ってる
はぁ〜洗うのめんどくさ
まいっか昨日ので
うん全然いける♥
あ……そうだ りくにもご飯だ
ごはんごはん♡
りくのお皿が見つからないや……
あ〜めんどくさっ
もう いいや弁当箱で……
ザラ〜
DOG
塩
ラップ
はい りくちゃん
ドン!!
お母さんもご飯食べようかなぁ
はぁ〜なんか疲れたなあ こういう時は みそ汁とご飯と納豆なんだけど……
ぐ〜

炊飯器も
鍋も洗って
ないし……
ピチョン…
冷凍ご飯も
インスタント
みそ汁も
食べちゃったし……
ふー……
めんどくさいから
ポテチでいいか……
…お腹ふくれれば、なんでもいいし
パリパリ…
ポテト
……まっすぐ
歩けないって
イライラ
するわ〜
ポテト
床のモノをよけている
……さてと
仕事の前に
メールとSNSの
チェックするかな……
ポテト
今夜はみんなで
家飲みでーす♡
え!? 何この
飲み会? え?
誘われてないよ?
仲良しのAちゃん
この間 電話で話した時
この飲み会のこと
全然言って
なかったのに……
私が今忙しいの
みんな知ってるし
配慮だよ 配慮
誘われたところで
どうせ行けないん
だけどね〜

でも……
……誘ってくれてもいいじゃん
ボソ……
カシャカシャ
〝家族でキャンプに〟
〝夫婦ではしご酒〟
〝友人宅でホームパーテ
〝新刊できました!〟〝○○の仕事しま
……
……
カシャカシャ
はあ〜……
お母さん?
……
お母さんどうしたの??
お母さん
……疲れてる時にSNSなんて見ちゃダメだね〜
まぶしすぎて胸に刺さるわ
メールチェックして仕事して〜今日スーパー銭湯行っちゃおうかな♪
リフレッシュが

え？
契約書の
提出期間が
過ぎてる？
契約書なんて
来てたっけ？
……いや
なんか見た気が
するぞ……
どっかの山にあったような……
あら～ 修正依頼も
来てる
皆納品したやつだ
マンガのサイズが
違っております
サイズを修正して……
明日までに再提出
してください……
はぁ～!?
何これ!?
ってか 私のせい
みたいなメールの
書き方じゃない？
はあ？
そっちの
ミスでしょ!?
何この人 ムカツク～!!
だいたい この修正してたら
今日の仕事できないじゃん!!
つかスーパー、銭湯
行けないじゃ～ん!!

絶対向こうのせいだよ!! 資料あったよね!?
あ〜〜 もう! 資料どこ!?
イライライラ
イライライライラ
こっちの山か!?
ビチャ
ん? ぬれてる?
ええ〜!?
これってもしかして
りくのおしっこ〜〜!?
うそ〜 契約書がこんなところにっ!
マジで〜
うわ〜
ビジョビジョ
契約書も
資料用の本も
マンガのラフも
脱ぎ捨てた
洋服たちも
あぁ……もう
もうもうもうっ!

ブッチーン
りく!! なんでこんなとこで しっこすんのよ! バカッ!!
お母さん忙しいって 言ってんのに なんで こんなこと すんの!?
お母さん 遊びにも 行かないで 1日中 ガンバって仕事してんのに りくのご飯買うために めちゃくちゃ ガンバってんのに!!
りくちゃんの ばか!! もう キライ!!

おしっこは
トイレでしょ!?
あ…
本と書類がなだれを起こしてりくのトイレを埋めておる……
……あ……

私のせいだ……
ごめん
ごめんね……
ごめん……！
……
ペロペロペロペロ…
いいよいいよ
！
ペロペロペロペロ
マンガの資料発見！
サ サイズは？
・〇〇マンガ
・3ページマンガ
・カラー
・サイズ
H210×W18
180
……これも
私のせい……
ガクー
サイズ間違えてたの私じゃん…
はぁ～～～……
ため息ついたら
幸せが逃げるって
誰かが言ってたけど
本当そう……
起きてから一体
何回ため息ついたの
かしら……

イライラして人にあたって何やってんだ
本当ごめんねりくちゃん
こんな自分大嫌い消えてしまいたい
パタリ……
前より幸せになりたくて第2の人生スタートさせたはずなのに……
今の生活幸せですか～!?
どよ～ん…
ポテト
……
……たしかに部屋が散らかってても死にはしないけど
でもなんだろう……心が……心が少しずつ死んでいく気がする
なんかもう全部どうでもよくなってきた…どうせ私なんか…

みわちゃんは自分をもっと大切にしたくて ひとりになったんでしょ？
家具・ベッドコーナー
ひとり暮らしだから ベッドはシングルでいいよね？
う〜ん……
あ！せめてあのぐらいがいいな！
え〜ダブルは無理だろう？
部屋1DKだぞ。
あ〜そうか……じゃあせめてセミダブル！
今までソファとかで寝てたからさ今度は手足のばせる広めのベッドで 自分を寝かせてあげたいんだよね〜♡
この子がいいな♡
そうだった……
ムクリ…

自分の人生第2章は
この子と幸せになろうって
決めたんだよ
そうだった そうだった…
よし！ やっぱりまずは
部屋を片づけて
リフレッシュしよう！
……さて
……どこから
片づけようかな
塩
YOGURT
CUP
コンビニ
あ！
ケータイ
なってる
ブ～ブ～
どこだ
ケータイ
え～っと
ケータイ
ケータイ…
あった♪
○○出版の
Yさんだ
ブイ～ン ブイ～ン
○
Yさん

はい もしもし Yさん ごぶさた してます〜
え？ 断捨離の やましたひでこさんに 取材？
はい 以前片づけが 苦手だって言ってたし 引っ越しもされて 新しい人生のスタートを 切ったばっかりだから やましたさんにレクチャーを いただき 素敵なひとり暮らしを マンガにしていただきたい なぁ〜と 思いまして
Yさん
すごい グッドタイミング！ 私も片づけたいって 思ってたんです
本当ですか？ じゃあ断捨離 して 幸せな人生 第2章に しましょうね！
幸せな 人生！
はい よろしく お願い します!!

でもさ、なんで断捨離したら幸せになれるんだろう？

なんとな〜く わかるんだけど…
ズバッとスパッと わからないんだよね〜

第5話 断捨離の極意 教えてください

取材当日
なとみさーん お久しぶりでーす
わーい Yさーん♡
という企画になっていますよろしくお願いします
こちらこそよろしくお願いします
Yさん 本当に断捨離したら幸せになれるんですかね……
みなさん幸せになれるって言いますよねー私もそう思ってますけど
う～ん……なんかイマイチはっきりわかんないっていうかー
断捨離＝幸せっていうのは なんとな～くわかるんですけど……
寒い日にあったかいお風呂に入ったら気持ちいいだろうなあみたいな？
なんで モノを捨てるだけで幸せになれるんだろうね～
あ～ たしかに！もう感覚的に断捨離＝幸せになってるかも！それも含めてやましたさんに聞いてみましょう！
そうですね
やましたさんに会った人は口を揃えて言うらしいですよ「今すぐ帰って断捨離したい！」って（笑）
え～ますますお会いするのが楽しみ～♡

やましたさん
どんな人なんだろう
ピンポ〜ン
いらっしゃ〜い
どうぞどうぞ
わぁ〜 ……すっごく
キラキラしてる〜〜
あれってもしかして
幸せオーラ？ 的な？
おじゃま
しまーす
やっぱり
断捨離したら
幸せに
なれるのかな？
こっちよ〜
失礼しまーす
…うわぁ

わぁ～～お
なんて広くてキレイなリビング……！
え？なになに？ここってリゾートホテル？
こんなに広いのに置いてある家具の少ないこと……しかも　とってもオシャレ♡♡

本当に素敵なお家ですね!!
ここの子になりたいです!
ありがとう ついでにパントリーも見てみない?
見た〜い♡
カレー
塩
米
わ〜♡素敵〜♡♡
オシャレな雑貨屋さんに来たみたい♡
空間に余裕があると見ていて気持ちいいでしょう
はい! 扉を開けるのが楽しみになりますね
収納スペースにモノをパンパンに詰め込んでおくと開いた瞬間ウンザリするのよね〜
しかもパッと見て何がどこにあるのかわからないから
パンパン
え〜っと紙袋ここら辺に…
もう探しにくいわ取り出しにくいわ…
取り出しにくいモノって結局取り出さないのよね
…ずい分ここにいるなあ…
早く見つけて…
紙袋
cake
…
cake
で 結局使わないで存在さえ忘れてしまう もうこれってゴミよね
あるあるだわ これ

……わが家のクローゼットなんかもまさにそんな状態で
開けるたんびにため息ついちゃいます…
住まいは自分にとって心地いいと思えることが一番大事なのよ
想像してみて
朝起きた時一番最初に目に映るのは
わ〜部屋キレイ♡掛け布団カバーほわほわでいい香り♡
自分の好きなモノでいっぱいの空間
大好きな空間で目覚めて
大好きなカップでお茶を飲み
パントリーやクローゼットを開けると
ぱあああ…

大好きな食品や洋服がお店のようにキレイに並んでいるのよ
探さなくてもいいってサイコー♪
今日はどれを着・よ・う・か・な♡
その中から今 自分が食べたいモノ着たい服を選ぶのよ
わくわく
妄想中♡♡
ね 想像しただけで 気分がすごく上がらない？
キャー
キャー
ステキステキ♡
キャー
はい！ もうわくわくしてきました！
1日ガンバって働いて家事したり 育児したり人間関係だって一生懸命ガンバってんのよね
情報もネットやテレビからジャンジャン入ってきて疲れるよね～体も心も脳みそも

だからこそ住まいは ガンバった自分を労って 癒してくれる空間じゃないとね
あ～ 落ち着く～
リラックスー
部屋をキレイに保つことって 自分を大切にしていることだと思うのよ
……
……うっ
やましたさーん!!
うわーん!! 私もやましたさんみたいな素敵空間に自分を置いて大切にしてあげたいです!!
どうすれば こんな素敵な空間 作れるんですか!? 教えてくださいっ!!

なとみさん
考えるより まずは 行動ですよ
……行動
……それはそう なんですけど
一体どこから やればいいのか…… いつも片づけの 途中で妖怪たちに じゃまされるし……
妖怪？
部屋が散らかってくると その時一番使いたいモノを 隠す「妖怪モノかくし」が現れ いざ片づけ始めると 「妖怪思い出語り」が 思い出を語り出し 片づけても片づけても 片づかない部屋に あきらめムードが 漂った瞬間「双子妖怪 めんどくせぇ〜& まぁいっか〜」が 憑依する……
ま
め

あ〜 めんどくせ〜 このまんまで まぁいっかって 脳みそが思考停止 部屋は 散らかり放題で THE・END なんですよ
うちにも います
あはははは!!
いるいる！ そんな妖怪いるよねー よく聞くわ！
はあ〜 笑った 笑った…
でもね なとみさん
自分を大切にしたい！と強く 幸せになりたい！ 願うなら 帰ってすぐに 断捨離を始めましょう！
強く願う気持ちを持ち続けて 片づけをしていけば 妖怪たちも現れなくなるわ！
は はい！ ガンバります!!
……でもなんで モノを捨てるって あんなに悩むんでしょうか？
悩みすぎて 疲れ果てて めんどうくさくって まぁいっかー ですよねー
人は 「使える」「使えない」の モノ軸で見ちゃうからね

モノ軸？
そう
モノが捨てられ
ないのは
まだ使えるモノを
捨てるもんだから
「もったいない」
「後ろめたい」
「忍びない」
って思っちゃう
のね
そうなると
この花びん
気に入ってない
けど……
「いつか使える」
「何かに使える」
「どこかで使える」
もしかしたら
「誰かが使える？」
う〜ん…
って悩み始めて
疲れちゃうのよねー
うわ〜…
あるある
ですぅ〜
この「モノ軸」から「自分軸」に
変えていかないといけないよね
「自分軸」で物事を見られる
ようになると
「これは今の自分に」
↓
「必要か？」
「ふさわしいか？」
「心地いいか？」
って「自分中心」に
考えられるようになるのよ

断捨離はただ捨てればいいってことじゃなくて今の自分に必要か必要じゃないか見極める力を育てるということなのよ
この力が育つと「モノ」だけじゃなくて「考え方」や「人間関係」も本当に必要なモノだけ残してあとは全部手放せるようになるのよ
心も体もすっごく軽くなると思わない？
「大好き」で「心地いい」に包まれた人生幸せそうだなって思わない？
はい！
思います！
どこからやろう？なんて考えなくていいの断捨離にルールはないのよ
足元に落ちているモノをひとつでも拾い上げたらなとみさんの断捨離のスタートよ
幸せになりたい！と望んだ瞬間なとみさんはスタートラインに立っているの
スタート
あとは1歩足を踏み出すだけ

メソッドやコツに囚われず
好きなところから始めてみて！
「好きなモノ」と「ないと困るモノ」
だけを残すのよ！
素敵空間で幸せにしている自分を想像してわくわくしながらやってみて！
なとみみわ、「幸せの人生第2章」のはじまりよ！
おお〜〜!!
今すぐ帰って断捨離したくなってきた——!!
これがやましたマジックか〜!!
ウズウズ
私も断捨離したい!!

断捨離は
「自分がやりたい」
ところから
始めるべし!!
あれこれ考えずにまず一歩を踏み出そう！
それが幸せへの第一歩♡
イエ〜イ！

なとみもできた! 毎日ちょこちょこ ちょこっと断捨離

ひと部屋 全部断捨離する!って思ったら、ハードル高すぎて 途中でうんざりして フリーズしそう(笑)
でも1日1ヵ所のちょこっと断捨離なら
できそうな気がしませんか?
みんなも Let's「ちょこっと断捨離!」

~デスク周り~

□ パソコン
仕事でたまったイラストや資料のデータを定期的にゴミ箱へ。パソコンのゴミ箱も空に!

□ 書類・収納ケース
期限切れのクーポンや終わった仕事の資料も処分しよう!

□ 雑誌
古いモノは処分!
いつか作る!と取ってある料理雑誌は捨てよう!
作りません…

□ 本・マンガ
一緒に墓に入れたいモノだけ残す。
スペースが空いたら新しいモノを買う

電子書籍も利用しよう!

□ 出前のメニュー
新しいモノ1枚残してあとは捨てる

新しいメニューが届いたらチェンジ

□ スマホ
使ってないアプリ
最近見ていない有料会員サイトを見直そう!
写真・動画も厳選してスッキリ~~♪

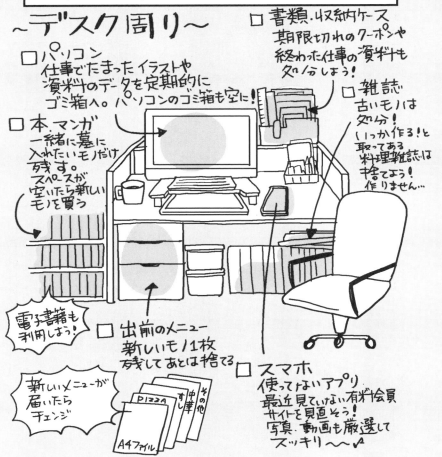

第6話　まずは目の前からスタート!

なとみ宅
本当にすごいんだよ やましたさんの話 もう 断捨離したくてウズウズしてくるの!
うんうん
断捨離して キレイな部屋で ゆったりと優雅に暮らす私が目に浮かぶ♡♡
よし! この勢いで断捨離始めるぞ
おー!!
さて 記念すべき人生第2章のスタートは……
うふふ♡
どこから始めようかなぁ～
自分がやりたい! って思う所から始めてみてね!
……って やましたさんは言ってたけど
私はイラストレーター 起きてる時間はほぼデスクで仕事をしている
できれば もっと効率を上げ いい仕事をじゃんじゃんしたいと思っている……
……
よーし スタートはデスク周りに決めた! 一番長くいる場所でストレスためたくないもんね!
モノかくしが二度と現れないようなキレイなデスク周りにするぞ
おー!!

やっぱりこのプリンターを移動してデスクで広々作業できるようにしたい！
そのためにはまず——
プリンターを移動させたいワゴンの上を片づけないとね……
モリッ
はあ～
……この"とりあえずBOX1号"本当に片づくのかしら……
なえるわ～
はっ!!
考えるより行動よ!!
あーれー…
ほっ
そうだった!!とにかく行動あるのみ!!
え～っと何が入ってんのかなぁ～？
この前全部広げて失敗したから、ひとつずつやろう！

とりあえず いらないモノと 「？」なモノを出してみた
どん
もらった口紅&マニキュア
……BOXの半分は 仕事の資料や友人からもらった 化粧品だった…… 下地ファンデーションが なんと5つ
それと絶対に つけないであろう 口紅やチーク
こんなハデな色 ないわ〜…
おそらく 使わないであろう モノをなぜ わざわざとって おくのか
考察してみよう
化粧品もらうと なんとなーく嬉しい でも……
いつも使ってる お気に入りがあるし これ使う？ 色もイマイチだし
って思っても
くれた人にも 申し訳ないし 捨てるのもなぁ〜 もったいないし……
私は使わないけど 誰か使いたい人 いるかも♡ 聞いて みよっと！
って思ってたのに 結局 めんどうくさくって 人にも聞かずじまいで 今にいたる……か
うん！捨てよう！ 取っておく理由が見つからないわ
うん、そうしよう
45ℓ
え〜〜〜〜 1回も使ってないんでしょ？ 捨てるの もったいなくない？
え？
「妖怪 もったいない坊や」
キター!!!
うるうる…
もしかしたら欲しい♡って 言う人 いるかもしれないよ ちゃんと聞いてみたら？

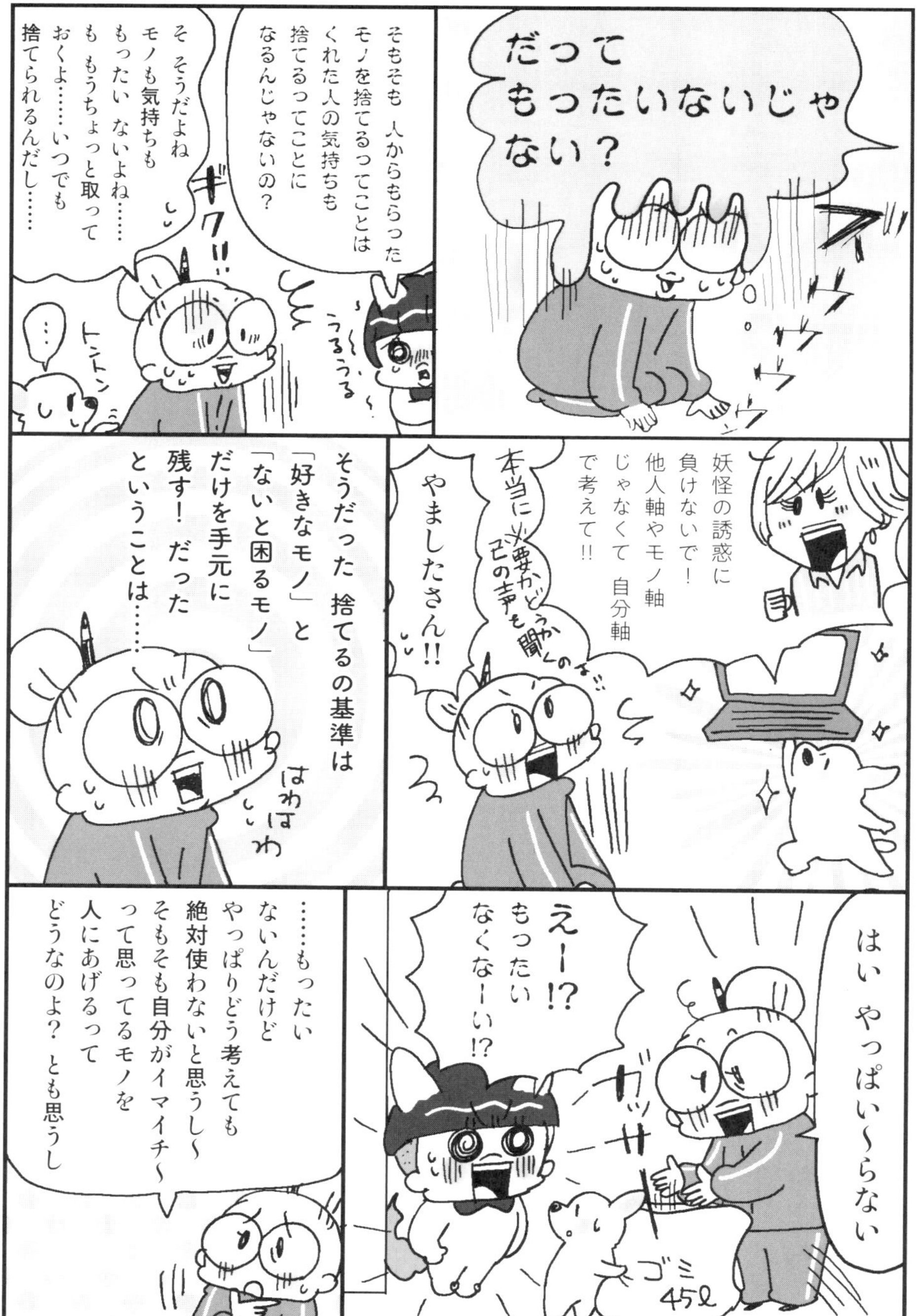
だって もったいないじゃない？
そもそも 人からもらったモノを捨てるってことはくれた人の気持ちも捨てるってことになるんじゃないの？
ギクッ!!
そ そうだよね モノも気持ちも もったいないよね…… も もうちょっと取っておくよ……いつでも捨てられるんだし……
うるうる
トントン
…
妖怪の誘惑に負けないで！ 他人軸やモノ軸じゃなくて 自分軸で考えて!!
本当に必要かどうか己の声を聞くのよ!!
やましたさん!!
そうだった 捨てるの基準は「好きなモノ」と「ないと困るモノ」だけを手元に残す！ だったということは……
はわはわ
はい やっぱい〜らない
えー!? もったいなくなーい!?
ガッ
ゴミ 45ℓ
……もったいないんだけど やっぱりどう考えても絶対使わないと思うし〜 そもそも自分がイマイチ〜って思ってるモノを人にあげるってどうなのよ？ とも思うし

くれた人 モノには 本当に申し訳ないけど 今回は捨てさせてくださいごめんなさい
え～ やっぱりそれひどくな～い？
せっかくもらったのに捨てるなんてひどいと思うけど……
そーでしょ？
もらった時の「嬉しい！」って気持ちはうそじゃないし
いらないなぁ～って思いながら持ち続けるとか くれた友達も望んでないと思うんだ
しかも今回は第2の人生かけた断捨離だもんね～友達もきっと わかってくれるよ(笑)
……大丈夫かなぁ
うん大丈夫！
コクン
だから今回は勇気をもって
ぎゅう…

捨てよ
ね？
コクン
だいたいさー あげた本人はさ 覚えてないかも しんないよねー
他人は言うほど なとみに興味 ないってことか
あははははは
わっ!! 消えた
しゅわ……

ふふふ
他人軸やモノ軸で考えるっていうのは きっと他人まかせの方が楽だからなんだろうなぁ
捨てられない 片づけるのがめんどうくさいから いっぱい言い訳してさぁ～ 妖怪なんてまさにそれ（笑）
自分軸で考えるって 責任もって 考えて行動するってことでもあるよね
さっき 自分で 覚悟決めて捨てた時 ちょー気持ちよかった♡
あぁ～ なんかやっとさ 一歩踏み出せた気がする
スタート
よーし！ この調子で どんどん片づけていくぞ！
モーが減って やる気も UPだわ
ゴミ袋
さっそくですけど…… ほぼ化粧しないくせになんで 化粧ポーチが4つもあるんだと思う？
※しかも全部雑誌のふろく

おそる…
何が入っているの？
おそる…
マスカラ（いつの？）
アイシャドーやチークのケースのふた
カミソリ（さびてる）
ばんそうこう
チークやアイシャドー（いつの？）
折れたふで
ふで
先がないふで
アイシャドーのふでだけ
クリップ
口紅（いつの？）
薬
……このマスカラフタ開かないし！
ガビガビにくっついてる～
この口紅いつの？前のマンションのその前のマンションで買ったから……
12年以上前……
…
なんで今のいままで取っておいたんだ？
逆に問いたい己に…
じゃーん!!
ポーチ2つにおさまった♡
こっちは今も使っているメイク道具
こっちはビューラーしか入ってないから～
久しぶりにコスメグッズ見に行ってみようかな♡
わくわく
くんくん
その、ポーチって洗ったの？

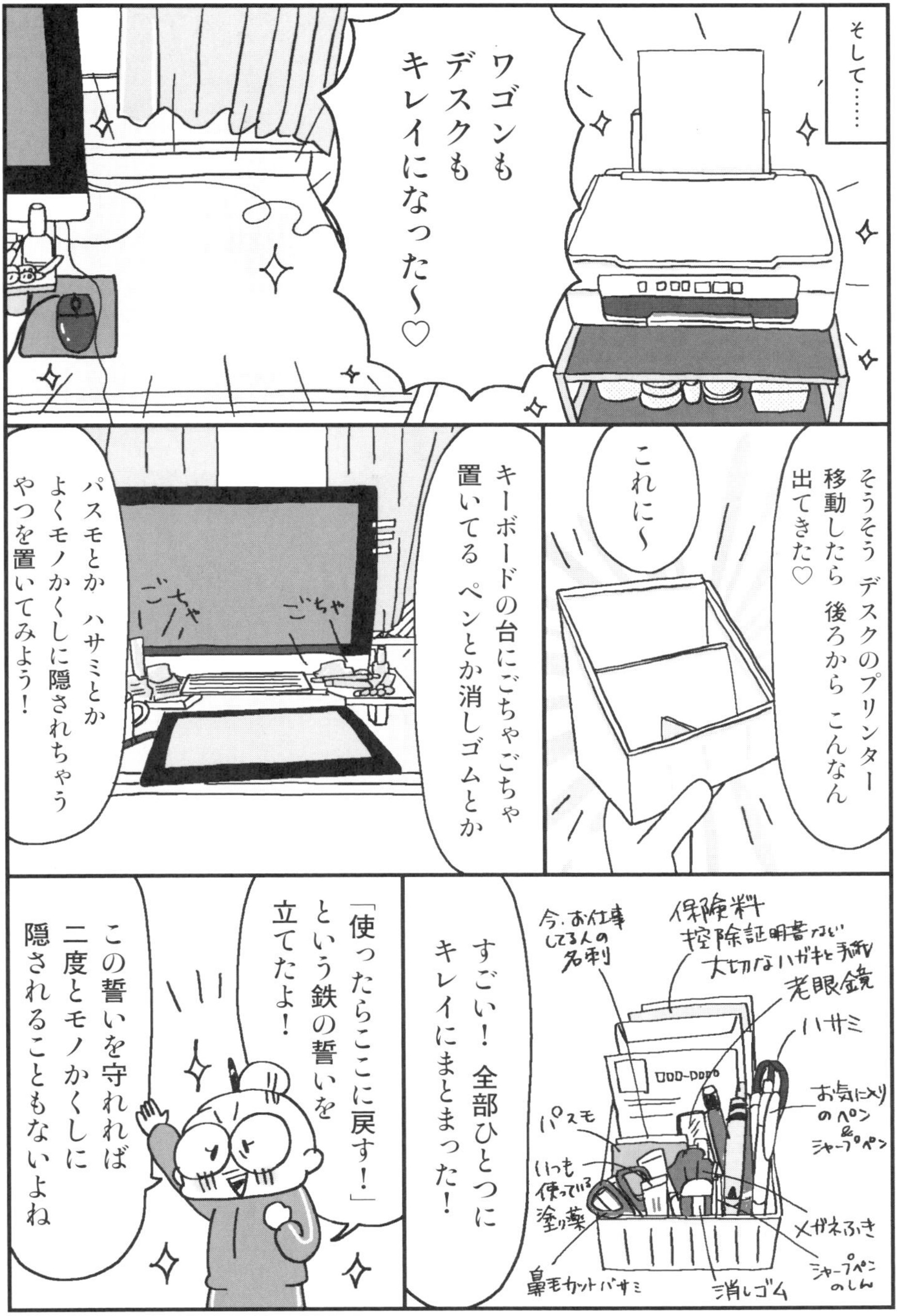
そして……
ワゴンもデスクもキレイになった〜♡
そうそう デスクのプリンター移動したら 後ろから こんなん出てきた♡
これに〜
キーボードの台にごちゃごちゃ置いてる ペンとか消しゴムとか
ごちゃ
ごちゃ
パスモとか ハサミとか よくモノかくしに隠されちゃうやつを置いてみよう!
すごい! 全部ひとつにキレイにまとまった!
今、お仕事してる人の名刺
保険料控除証明書など大切なハガキと手紙
老眼鏡
ハサミ
お気に入りのペン&シャープペン
パスモ
いつも使ってる塗り薬
メガネふき
シャープペンのしん
消しゴム
鼻毛カットバサミ
「使ったらここに戻す!」という鉄の誓いを立てたよ!
この誓いを守れれば二度とモノかくしに隠されることもないよね

これを デスクの すみっこに置けば～
完ペキ！
うわ～ すっごい キレイに片づいた じゃん♡
気持ち いい～♡
必要かどうかは「自分軸」で 考えよう!!
今までは……「欲しい！」と思ったら 即決だったけど 今後は「本当に欲しいの？」「本当に必要なの？」と何回も自分に確認してからにするよ！
家に入れるのは カンタンだけど、家から出す時は 大変だもんね～

なとみもできた！ 毎日ちょこちょこ ちょこっと断捨離

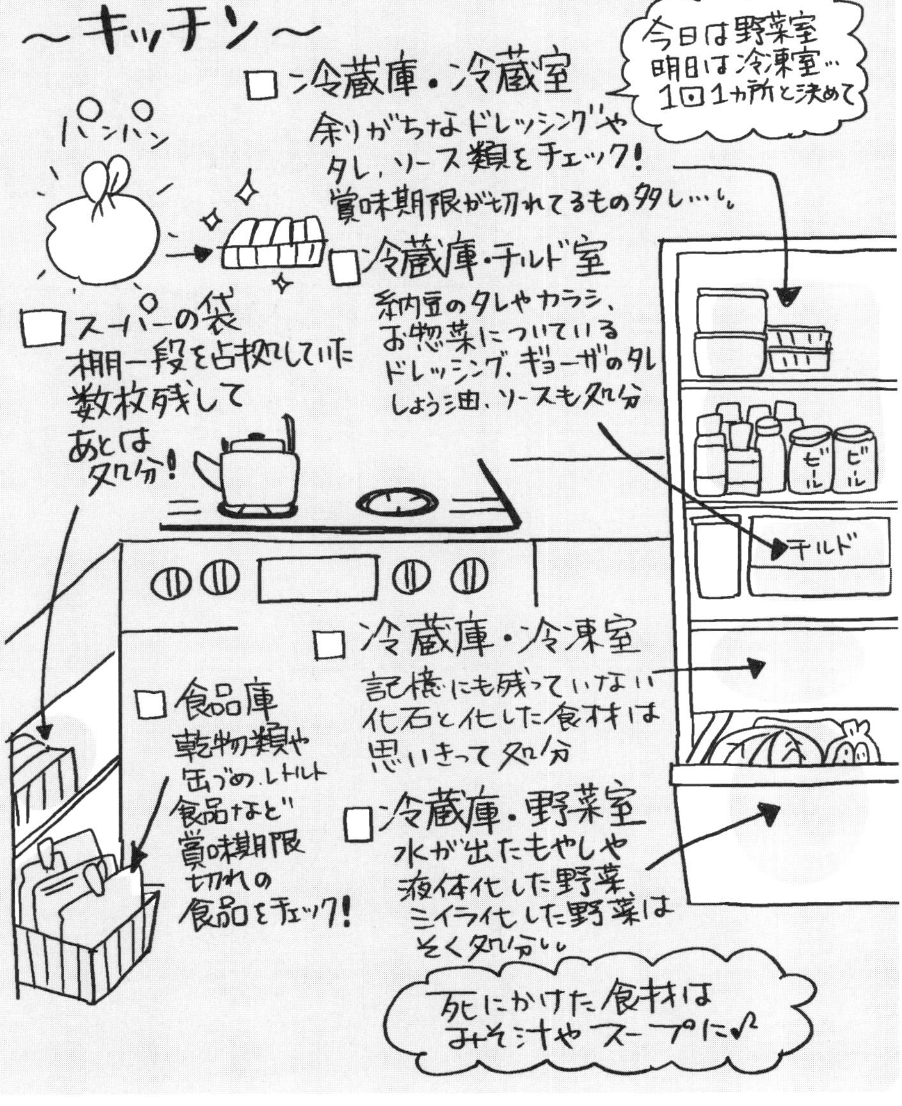
～キッチン～
今日は野菜室
明日は冷凍室…
1回1カ所と決めて
□冷蔵庫・冷蔵室
余りがちなドレッシングや
タレ、ソース類をチェック！
賞味期限が切れてるもの多し…。
パンパン
□冷蔵庫・チルド室
納豆のタレやカラシ、
お惣菜についている
ドレッシング、ギョーザのタレ
しょう油、ソースも処分
□スーパーの袋
棚一段を占拠していた
数枚残して
あとは
処分！
ビール
ビール
チルド
□冷蔵庫・冷凍室
記憶にも残っていない
化石と化した食材は
思いきって処分
□食品庫
乾物類や
缶づめ、レトルト
食品など
賞味期限
切れの
食品をチェック！
□冷蔵庫・野菜室
水が出たもやしや
液体化した野菜
ミイラ化した野菜は
そく処分。
死にかけた食材は
みそ汁やスープに♪

第7話 「空間」を取り戻そう!

あ～なんか
すっごい心が
晴れやか～
起きたてなのに
やる気MAX
なんですけども!!
これが
断捨離
効果って
やつなのかな？
きっと
そうだよ♪
なので 本日は調子にのって
洋服が入っているクローゼットを
片づけたーい！
どーーーん！
でも…
いきなり
ハードル高いかなぁ
紅白でいったら
トリの小林幸子が
3番目に登場して
歌い始める感じ？
…そのたとえ
わかりづらいんですけど…
でもね
どーしても
クローゼット
片づけ
たいのよ～
クローゼットの中
見て見て～

クローゼットの向かって右側には 洋服をくるくるたたんでありますす
左側にはコートやジャケット スカートがかかってまーす
去年の引っ越しで洋服も結構捨てたのに……
ギギギギ
もうそこら中パンパンで探しにくい取り出しにくいしまいにくいの3点セット
パンパン
つか あのスカートどこだどこだ……
いつも服を探してる
探すのうんざりしちゃって結局……
めんどくさい…
ま、いっか、これで
ズズズ…
っていっつも同じ服ばっかり着てる気がするの
クローゼットには大好きな服しか入ってないのそこからわくわくしながら今日着る服を選ぶのよ
ってやましたさんは言ってたけど

うちだって 好きな服しか もうないよ？
なのになんで うちの クローゼットは 開けると うんざりする わけ？
…モノの量の 違いでしょ？
だから、かなり捨てたの！
あ！ いいこと 思いついた！
こういう収納ラック 買ったら 片づくん じゃない？
じゃーーーん!!
えっ!?
クローゼット も少し スペースが 空くし
そーだよ そーだよ 収納ラックを 買えば 一件落着 じゃん♡
ネットでポチろう
待って待って 収納ラック どこに置くの？
そうよ なとみさん 収納を増やすのは よくないわね～
やまじだ さん!?
みんなよく 勘違い してるけど 片づけ=収納 じゃないのよ

え？「片づけ」と「収納」って違うんですか？
断捨離で言う「片づけ」とは「モノの絞り込みをして不要なモノを減らすこと」を指します「収納」は「モノが様子を変えて移動したこと」になります
例えば…
不要
必要
に分けて
ゴミ置場
家の外に出して処分することは
片づけ！
ソファに脱いだ洋服を
たたんでタンスにしまうことは
収納！
だからなとみさんがやろうとしてることはクローゼットから収納ラックへの単なる移動 モノは全然減ってないってことになるわね
えーえ!?
ガビーン
1t
それに「収納ラック」というモノがまた増えるし収納があるとそこに何かを入れたくなるしね〜
いっこうにモノが減らないわね
……ちなみに今回クローゼットを片づけたいと思った理由は？
あったら教えて〜
あ それは……
昨年の引っ越しで洋服をかなり断捨離したはずなのに
クローゼットパンパンで洋服を探して取り出す時間と労力が ムダだなぁ〜と 思いまして……
そうか……じゃあそれは何とかしないとね
昨年断捨離したからもう不要な洋服はないのかしら？
……多分

本当に？ 1枚もない？
お おそらく？
断捨離したのは1年前の「私」でしょ？
今の「私」でもう一度 断捨離してみようか
少しずつ断捨離も進んでるしやってみてどう？ 自分の中の変化は感じる？
そうですねー「必要」「不要」の判断が少〜し早くなった気がします それと……
昨日 久しぶりに布団を干して シーツとか洗ったんですよ 布団ふかふかでいい香りで「ああ〜なんか幸せ〜」って心がほわほわしたっていうか……
あ〜幸せ♡
朝 起きてもその 小さな幸せが残ってて
さらにベッドからキレイにしたデスク周りが見えるもんだから また小さい幸せ感じて「うふふふ」って笑っちゃったんですよ
朝起きたばっかりなのにあ〜〜何かやりたい！ってわくわくしてやる気満々でその時ふと思ったんです

毎日の 小さな幸せの積み重ねが「あぁ 私の人生幸せだなぁ」っていう大きな幸福感に繋がっていくのかなあって
だって毎日こんな気持ちで生活できたら絶対幸せですよね
うんうん！その感じ すごく大切！なとみさんの見極める力が育ってきてるのね
本当ですか！
この時点で昨年の「私」よりバージョンアップしてるわよ！もう1回洋服の断捨離やってみて！
まずは「空間」を取り戻そう！
はい！ガンバります!!
では バージョンアップした「私」でクローゼットの断捨離 スタート♡
っていっても昨年捨てたからいらない服ないと思うよ～
たたんである洋服の下の段からやるか……
……あれ？

このシャツ
なんとな〜く買って
イマイチだったから
1回しか着なかった
んだよ
昨年捨て
なかった理由は
「1回しか着て
ないのに捨てるの
もったいない」
だったんだよ……
でもこのえりのつまった感じがイマイチ似合ってなくてね〜〜
イマイチなら
いらない！
1回そう思ったら
二度と着ないよね
いらない
「イマイチなのにもったいない」
で取っておいた服
結構あったね
丸首の
えりが
つまった
デザインが
多いなぁ
そうかデザインが
好きだから買っちゃうん
だけど 似合わないから
二度と着ないのか……
試着なし、ネットで買った服ばっかりだ…
よかった……
今気がついて
今後気をつけねば
うむ
あ〜これ…
昨年も
悩んだんだよ……
友達から もらった
セーター……

絶対に似合うと思うの！
って言われて断れなくてね……
……私 これ似合わないと思うの
むしろ好きじゃない…かも…
なるほど
「好きなモノ」「ないと困るモノ」だけを残すのよ！
byやました
うん そうだよ 私 このセーター絶対着ないもん いらない！
人からもらったりゆずってもらったりして申し訳なくて捨てられなかった洋服のみなさま ありがとう ごめんね
捨
そして これだ……実は 一番やっかい
大好きだった洋服たちだわ
友人の結婚式で着たワンピース（15年前）
仕事でよく着たニットワンピ
やせたらはこう！と思っている20年前のジーンズ
大好きなセレクトショップで買った
あぁ……このニット……このニット着て恵比寿に打ち合わせに行った時にね……
ベベン

「妖怪思い出語り」!!
続き弾く？
帰っちゃうよ？いいの？
はい!! お気をつけて
そうだった 昨年も 判断を先送りに したんだよ この子たち
判断っていうか決断だよね 洋服にこめられた思い出が捨てられないんだよね
うん 捨てよう！
どう考えてももう着ないし…… 捨てたからって思い出なくなるわけじゃないもんね
思い出は ずっと ここ
よーし！ 今回この服捨てて新しい服を買うぞ!!
そしてまた楽しい思い出でいっぱい染み込ませよう！
わー それすごい いい考え！

捨てたら思い出もなくなるんじゃないかって怖くて捨てられなかった……
また大好きな服買って素敵な思い出作るから今までありがとう
……もう捨てる服ないって言ってなかった? 私
ゴミ袋 3つって…
ゴミ
ゴミ 45ℓ
ゴミ
……やっぱり昨年の私より少し成長してるってことなのかな
服 買うって言ったけど……まあいっぺんには無理だから ボチボチとね
そーだね
それまでクローゼット空けておきますよ♡
スッキリ♡
風通しがよくなったねー
片づけの時に「収納」を増やしてはいけない!!
……たしかに収納が増えたらまたそこに モノ詰め込みそうです
捨てる捨てないの判断の先送りをしちゃうことになるし部屋も狭くなるしね
いいことなし!

なとみもできた！ 毎日ちょこちょこ ちょこっと断捨離

〜玄関・収納〜

□ くつ
1回もはいてないスリッパ
ネットで買ってサイズが合わない
レインブーツやミュール
かかとに穴があいた
スニーカーを処分

□ 傘
たまりがちな
ビニール傘
下の方がサビてるし

□ くつずみや
防水スプレー
自転車の
パンク修理キット
空気入れの
替え針？？など
細々した不要な
モノも全て処分

□ タオル類
景品、お返しでもらった
タオル。「いつか使う」と
ン十年…。良いモノは
おろして、あとは処分！
ぞうきん？にもしません（笑）

デジカメとか
本体はないけど
ACアダプターや
充電機？
使ってないPC周りの
コードも処分だね

□ 紙袋・梱包材
キレイな紙袋は
取っておきがち。
荷物に入ってくる
梱包材もたまり
がち

□ スキンケアのサンプル
試供品など
旅行やお泊まり
で、って思っても
ホテルにあるしね
結局使わない

第8話　「探さない生活」でわかったこと

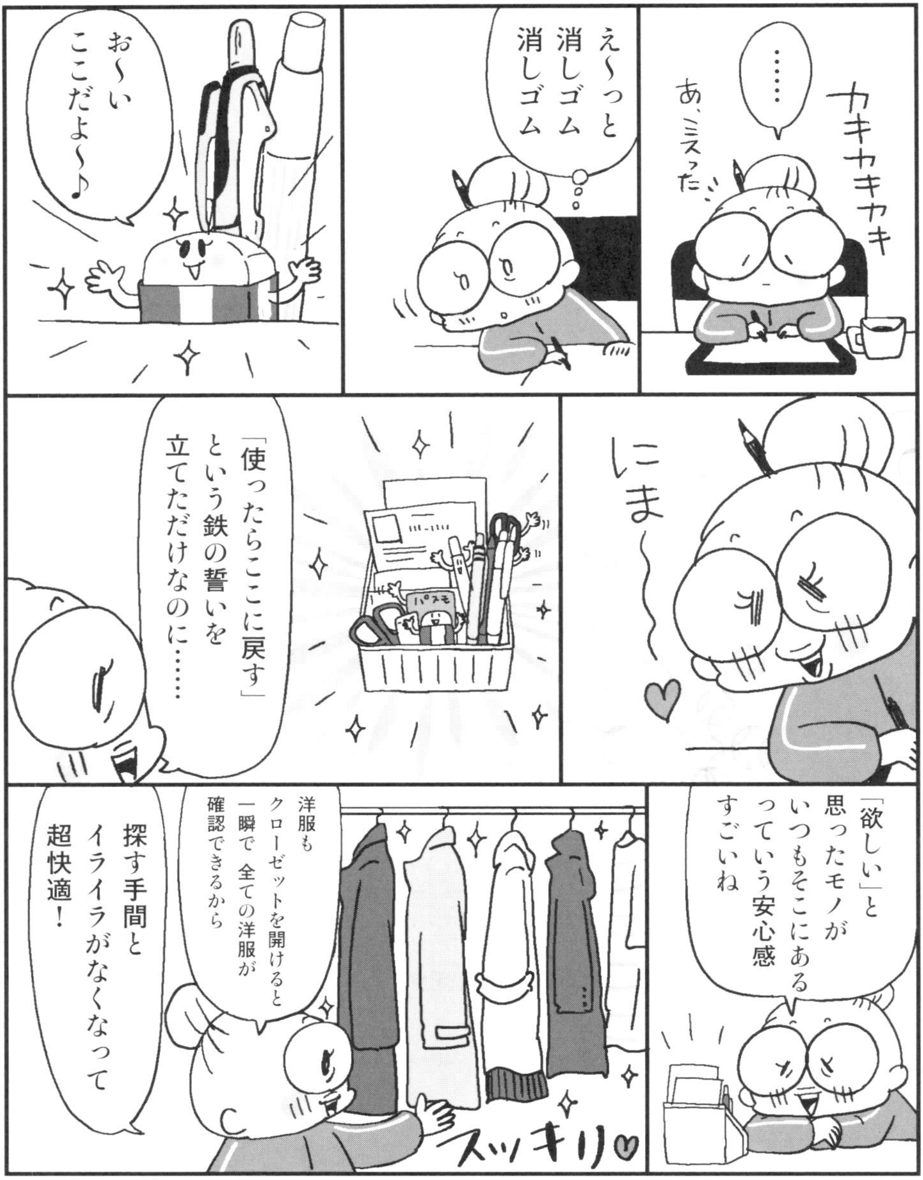

ちょっと前までは
モノに
支配されてる
感じだった
もんなぁ……
老眼鏡がない！
ペペペンンン
あの服どこいった!?
断捨離してモノ自体も
減ったから管理（整理）も
格段にしやすくなったのかな
にしても…
「探さない生活」って
こんなにストレスがないとはね
いや〜、びっくりだよ本当。
少しずつ この「探さない空間」を
広げていこう！
よーし 今日は
キッチンを
やるぞ！
意外と収納が
多いんだよね うち
とりあえず
吊り戸棚から
見てみるか
？
麦茶
麦茶
大鉢
大皿
角皿
保存容器
コップ
ふりかけとか
りくのおやつとか
サプリとか
薬とか…
どんぶり
茶わん
小皿
小皿
マグ
ひとりに
しては
食器が
多いかな
でも食器
好きなん
だよねー

昨年の引っ越しで結構捨てたから はっきり言って残ってる子たちは精鋭部隊なわけよ
新しく買った子たちも全部好き
じゃあ
残そう
全てなぞ
①
手前は見えるが奥はなぞ
②
引っ越ししてから①は見たことないなぁ何があるんだ？
となると右側の戸棚の上段と中段だね②の手前は麦茶とりくのおやつ……①は……なぞ
保冷バッグ③
保冷バッグ②
保冷バッグ①
のどあめ
バラン
コンビニや出前でもらう割りばし スプーン フォークがこんなに大量に!!
どーん!!
これ前の家から持ってきたんだった
このプラスチックのスプーンとレンゲ使いやすいんだけど…
でも1年間その存在を忘れてたってことは……
はい、ゴミでーす
ガサー
ゴミ45ℓ
あとこれお弁当グッズ……
こんなのも持ってきてたのか
バラン
バラン
もうお弁当なんか作んないっつーの
あっはっはっ

……お弁当作ってた時
「母」として
「嫁」として
「妻」として
毎日
忙しかったな
寝る間も惜しんで
仕事して家事やって
毎日ヘトヘトで
……でも
幸せだったなぁ……
あの頃の
私も
ちゃんと
幸せだった
今まで
ありがとう私
これからも
私を
幸せにするからね
キュッ
45ℓ
次は欲しい!! と思ってゲットした
くせに全然使ってないやつ〜!
ソーダストトム
ガスの買い替えがめんどうで使っていけない
ホットサンドメーカー
引っ越してまだ1度も使ってない
そば打ち機
そば作りマシーン
ダンボールから出してない（未使用）
ビールサーバー
ご飯をたく土鍋
シフォンケーキの型未使用
電動ハンドミキサー
電動泡立て器（未使用）
ファミリータイプ
ホットプレート
……結構ある
なぁ おい

ビールサーバーは使用前と使用後がめんどうくさくて全然使わなくなってしまった……
みそこすやつ
輪ゴム
今はデッカイ輪ゴムかけと化している…。
すっごいじゃま…
でもこれ 引っ越し祝いでS師匠や前のマンションの友達に買ってもらったから捨てにくいなぁ
ファミリータイプ！
ホットプレートもS師匠にもらったんだよ……これも自分から欲しい！って言ったからなぁ
ホットプレートがデカイからフライパンとかも出しにくいのよ
どん！
ホットプレート
でも友達来た時しか使わないし……取り出すのも片づけるのもめんどうで最近全然使ってない
ファミリータイプだからね 私、ひとりだしね…
うーん…
よし!!
グループLINE
おはよう！今断捨離しててみんなからもらったビールサーバーと師匠にもらったホットプレート処分してもいい？ごめん もう使ってなくて……
返信はやっ！
ピコン！
S師匠
どうぞどうぞ使わないモノは処分しないと！
M美
ですね！どうぞー！
K子
断捨離偉いぞー！
みんなありがとう♡
処分決定

あとこの流し台の下の収納ね
乾物とかふりかけとか缶づめとか置いてるんだけど……
グチャグチャでここも毎回モノ探すんだよね
とりあえず全部出しているモノといらないモノに分けてみるか……
賞味期限切れのモノがこんなに……
かつおぶし
天ぷら
焼きのり
鍋ラーメン
牛丼
鍋
ビーフカレー
高野どうふ
もったいないけど捨てよう
今回処分したモノ
ホットプレート
そば打ち機
炊飯土鍋
エコバッグ 2つ
賞味期限切れの食品
切り干し大根
ビールサーバー
この子たちはめでたく他の家の子になりました♥
電動泡立て器
シフォンケーキの型
グラス 3コ
フライパン 2コ
割りばし スプーン フォーク
結婚祝いでもらったお皿 2枚
お玉・トング 栓抜き
お弁当グッズ
保留にしたモノ
ソーダストリーム
やっぱり使う!!
ホットサンドメーカー
もう1回ホットサンド食べたい
いや〜結構処分したわ！その結果がね——
スッキリ〜♪
すごくない？鍋重なってないんだよ？
すき間まであるし！ほらほら！
シュッシュッ
今まではホットプレートがじゃまでフライパンの出し入れに毎回イライラしてたんだよね〜
出し入れするたびフライパン全部出すとかマジでイライラ〜
ガチャ
ガチャ
フライパン4つあったしね…

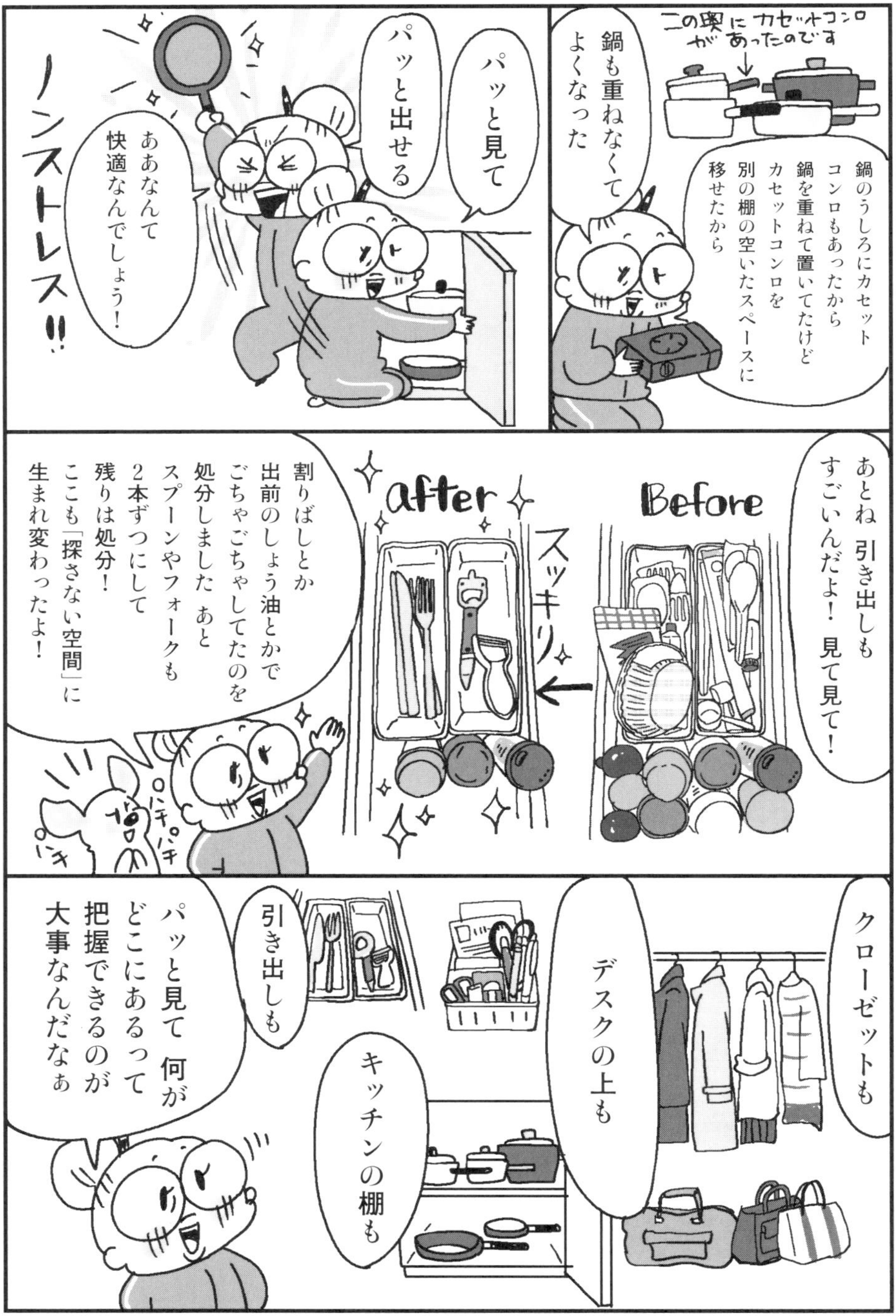
この奥にカセットコンロがあったのです
鍋も重ねなくてよくなった
鍋のうしろにカセットコンロもあったから鍋を重ねて置いてたけどカセットコンロを別の棚の空いたスペースに移せたから
パッと見て
パッと出せる
ああなんて快適なんでしょう!
ノンストレス!!
あとね 引き出しもすごいんだよ! 見て見て!
Before
After
スッキリ
割りばしとか出前のしょう油とかでごちゃごちゃしてたのを処分しました あと スプーンやフォークも2本ずつにして残りは処分! ここも「探さない空間」に生まれ変わったよ!
クローゼットも
デスクの上も
キッチンの棚も
引き出しも
パッと見て 何が どこにあるって 把握できるのが 大事なんだなぁ

例えば栓抜きを使いたい時
・今までの私
栓抜き使いたい
たしか、ここにあったような…
わ〜、ぐしゃぐしゃ
・探す前からまずうんざり
・モノをどかしながら探す
栓抜きどこ〜
あ〜、モノがじゃま！
ガシャガシャ
やっとこ
ゲット…！
げんなり…
・これからの私
栓抜き使いたい
栓抜きここ！
ゲット！
断然早い！しかもストレスが一切ない！
「モノを使う前にまず探す」が当たり前だったから「探さない生活」がこんなに快適だとは思わなかったよ
時間ムダにしてたな〜
本当だね
この快適に気がついちゃったら前の生活には戻れないね
キレイを継続したいまねー
ねぇ 今なら片づけられそうな気がするんだけど
なにが？
とりあえずBOX！
あ〜〜！
できるできる〜

この写真も こんなにたくさんいらないよ 捨てよう
薬もいらない。いざって時は病院行くから
ペンの山も 使ってないから いらないか… ゴメン！
昔の通帳も全部処分だ
家具に付いてたネジとかは… なんかちょっと怖いから残す！
昔もらったお手紙も… 本当にありがとう♥ 感謝！
ゴミ 45ℓ
とりあえずBOX1個に全部まとまった
その他のゾーン
文具ゾーン
薬ゾーン
すごいね！この前は全然捨てられなかったのにね！
自分、すごいぞ
天に逃げようとしてたもんね！
あーなんかすっごいスッキリした！今ならなんでもできる気がする！
無性に仕事したくなってきたー！
よーし、やるぞぉ〜!!
快適な生活には「ゆとり」が必要！
モノを使う時探さないってストレスがなくて気持ちいいですね！空間の「ゆとり」最強です！
みんなにもこの気持ち味わってほしい〜
空間に「ゆとり」が生まれると心にも「ゆとり」が生まれてくるのよ〜

COLUMN7

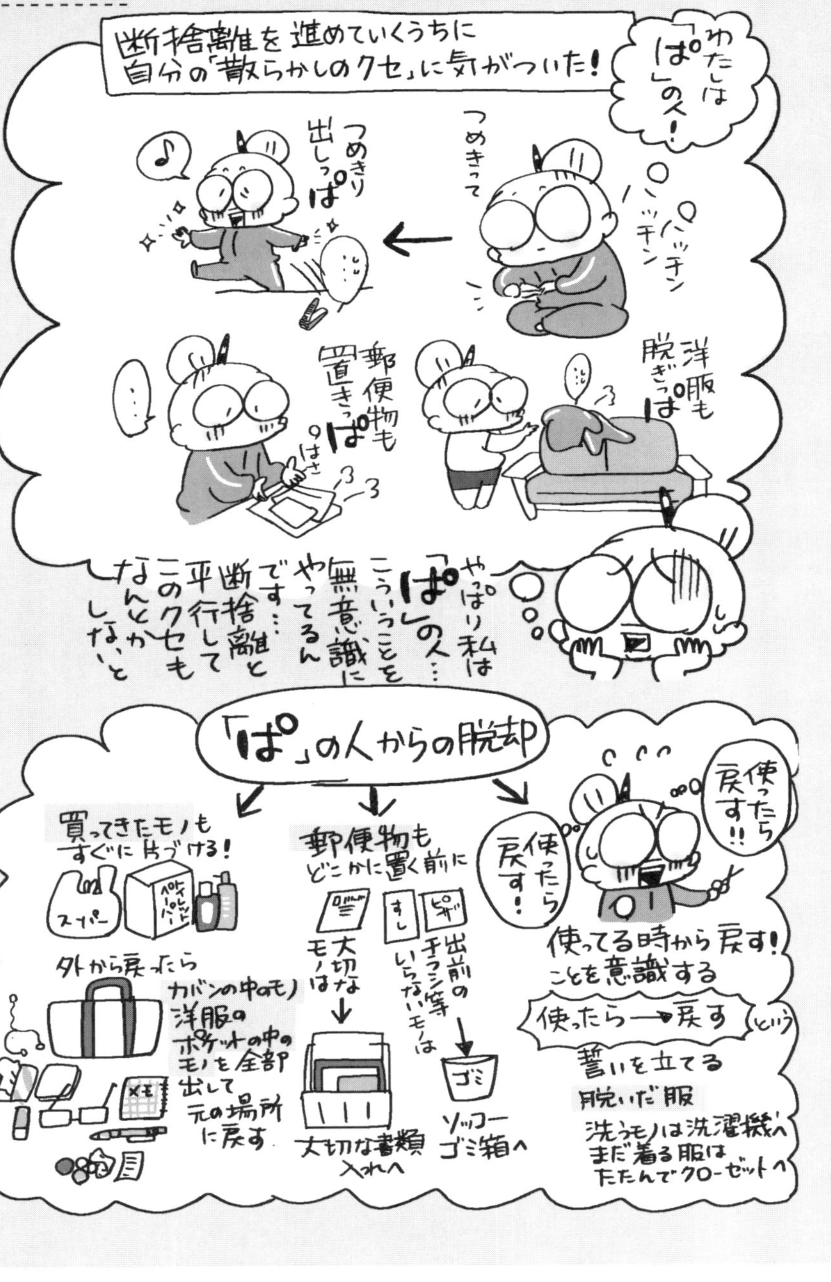

断捨離を進めていくうちに自分の「散らかしのクセ」に気がついた！
わたしは「ぱ」の人！
つめきって
パッチン パッチン
つめきり出しっぱ
洋服も脱ぎっぱ
郵便物も置きっぱ
やっぱり私は「ぱ」の人… こういうことを無意識にやってるんです… 断捨離と平行してこのクセもなんとかしないと
「ぱ」の人からの脱却
買ってきたモノもすぐに片づける！
スーパー
外から戻ったら
カバンの中のモノ 洋服のポケットの中のモノを全部出して元の場所に戻す
メモ
郵便物もどこかに置く前に
すし
ピザ
大切なモノは
大切な書類入れへ
出前のチラシ等いらないモノは
ゴミ
ソッコーゴミ箱へ
使ったら戻す！
使ったら戻す!!
使ってる時から戻す！ことを意識する
使ったら→戻す という
誓いを立てる
脱いだ服
洗うモノは洗濯機へ
まだ着る服はたたんでクローゼットへ

第9話 見つけた！ 自分の「散らかしのクセ」

幸せになりたい！ と思って断捨離を始めた
自分がやりたいって思うことからスタートしてみて！
やましたさんのアドバイス通り一番長く時間を過ごすデスク周りからスタートした
「好きなモノ」と「ないと困るモノ」以外は捨ててデスク周りがキレイになった！
わ～い
その後も クローゼット・キッチン・リビングと自分の心の声を聞きながら少しずつ断捨離していったら
空間
空間
空間
空間
空間
いたるところに空間が現れ始め何がどこにあるのかパッと見てわかるようになってきて
使いたいモノをすぐに使えるってすごく快適!!
という感覚に気がついた！
ああ～やっぱりキレイっていいなぁ～♡
散らかった部屋ってうんざりしてため息ばっかりだったけど今は「ふふふ」って笑みがこぼれるよ
この「ふふふ」という小さな幸せの積み重ねが「あ～幸せだなぁ……」という大きな幸福感に繋がっていくのかも……♡と思えてきた

断捨離をやってその過程で生まれる気づきや感覚を体感することが大事なんだね
探さないって気持ちいい！とかね
断捨離を完全に理解したお母さんは断捨離マスターとして生まれ変わったぞ♡
ふっふっふっ
あれ？お母さん調子に乗ってる？
そういうとこだよ？
もう二度と部屋は散らからない！絶対に！
なにせ私は断捨離マスターなのだから…
わーはっはっは！
…だからそういうとこだって
1週間後――
……え？
ええ〜？
プリンターをどかして作ったスペースが…
ぐしゃ
黒糖ロール
プリンターの上も
ぐしゃ
どん!!
ベッドの上も…
どん!!
ぐしゃ〜

ギャーー!!
めちゃくちゃリバウンドしてるーー!!
ヤバイ! 片づけなくちゃ!!
せっかく断捨離して幸せになれそうなのに……
お母さんおちついて
またこんなに散らかしちゃって早く早く断捨離しなくちゃ
ヤバイヤバイ
大丈夫よなとみさん
え!?
ややましたさん!?
このぐらい今のあなたならすぐに片づけられるわよ
え? そ そうでしょうか
うん! ためしにデスク周りちょっと片づけてみたら?
ね、断捨離マスター♪
本当、すいません!!

……え？
本当かな？
そんなすぐに片づけられるかなぁ
これはいらない
これはここに戻して…
スッキリ
あ……もう片づいた！
え――!?
ね？
すぐ片づいたでしょ
あれ？
なんででしょうか？
それは「いる」と「いらない」の選択が早くできるようになってきてるってことよね
あ！ そうか！
キラーン
それとなとみさんの中で「片づけのルール」みたいなものもできてきたんじゃない？
「片づけのルール」？
使ったモノは元の場所に戻すとか仕事関係の書類はここ！ とかそういう自分の中での決めごとみたいなものかな
DIARY
リップ
あ そうなんですよ 実は断捨離していったら自分の「散らかしのクセ」に気がついて
〇〇っぱなし
という無意識のくせなのですが
私は「ぱ」の人
これを攻略するため鉄の誓いを立て 断捨離と並行して進めています

わー！
すごいね！
素晴らしいじゃない♡
ねぇ？
わん！
パチパチ
パチ
いや〜鉄の誓いなんて言いましたけどできる範囲でしかやってないんですよ ゆる〜い感じで
あ…だからこの結果か…
ゆる〜い感じくらいでいいんじゃないかしら
え？
「片づけなくちゃ」「捨てなくちゃ」っていう考えに縛られすぎちゃいけないよね やりすぎはかえってストレスになっちゃうから
た たしかに
断捨離は筋トレと一緒 毎日少しずつ「選択」と「決断」のトレーニングをしていると思ってちょうだい
これはいる これはいらない
決断
選択
トレーニングすればしただけ 筋肉がついて レベルアップしていきますよ 筋トレした成果はちゃんとなとみさんの中に蓄積されているんです
…
部屋は散らかってもいいんです！今までの積み重ねがあるからすぐ元に戻せます
何回失敗してもいい
「もういいや やーめた！」って思わないで
そこからまた断捨離をスタートすればいいだけ
わーまた部屋散らかった
もういいや… どーせ私なんて…
いやいや またガンバろ

断捨離は手段です なとみさんの人生を幸せに導いてくれるひとつの方法よ
方法に囚われすぎず 人と比べず 自分のペースで 毎日少しずつね
人生が続く限り 断捨離も続きます なとみさんも日々変化していくわけだから その時の自分を最高の空間でもてなしてあげてちょうだいね
はい！ ガンバります
やましたさんの言葉って ほんと勇気出るわ～
今は「モノ」だけど次は「コト」そして「ヒト」も断捨離できるようになるわよ
「モノ」→捨てる
「コト」→やめる
「ヒト」→別れる
「コト」と「ヒト」はハードルが高いですね～
たしかにハードル高いけど……
なとみさん たどり着けそうじゃない？
……そうですかね？
断捨離って自分との対話 何回も何回も自分の心と向き合うわけだから 自分にとって何が一番大切なのかが見えてくるのよ
コト ヒト
↑ いきなり ここはムズカシィから…
モノ
↑ ここで何回もトレーニングする
← 自分との対話で 本当に大切なモノが 見えてくるようになると
← 必要なモノだけを残して あとは手放すことができる

なとみさんもしや「本当に大切なモノ」見えてきてる？
あ……はい まぁ なんとなく？
そうなの!?
こんなに自分中心で物事を考え行動するって今までになかったもんで
最初「自分を大切にする」ってよくわからなかったけど…
でも断捨離を進めていくうちにどんだけ自分を大切にしていなかったか よくわかりました
床で寝たり
ぐー
ご飯テキトーだったり
めんどくせー 腹がふくれればいいよ
パン
お風呂はいらなかったり
まだいける
それと お金と時間も ものすごくムダにしてきたぁ～って気づいたんです
この服欲しい！
買う！
美顔器も！
そば打ち機も…
ポチ
ポチ
ポチッ
ポチ
本当に欲しいの？
もっと考えて～
パスもがない～
どこいった？
家に4枚あったのに？
探すのめんどうだから新しいの
GET！
ガンバって稼いだお金も 限りある時間も もう ひとつもムダにしたくない
自分の幸せのためにきちんと使おうって思いました
って偉そうに言ったけど 当たり前ですよね
そこまでたどり着いてるなら もう大丈夫！ もう少しよなとみさん

空間にも 気持ちにも「ゆとり」が出てきたから理想の部屋のテーマを考えてみようか？
ちなみに家具とかこだわって買ったの？
こだわったっていうか……前は北欧家具が欲しかったんですけど
あれ？なんで北欧がよかったのかなぁ
ちなみに私の部屋のテーマは「粋」「艶」「潤い」私自身も常に「粋で艶っぽく潤いのある自分」でいたいなって思ってるの
そのテーマすごいやましたさんぽいです！
テーマを決めて部屋が整っていけば 自分もそのテーマに合った自分に変わっていくから！
この感覚もぜひ体感してみて！
わ〜やってみます〜♡

断捨離は筋トレと同じ
毎日コツコツ
「選択力」「決断力」を
鍛えよう!!
また散らかっても大丈夫！蓄えた筋力があるからすぐ片づけられるよ
諦めないでまたそこから始めればOK〜♪
ゴミ

第10話 私の断捨離は続くよどこまでも♪

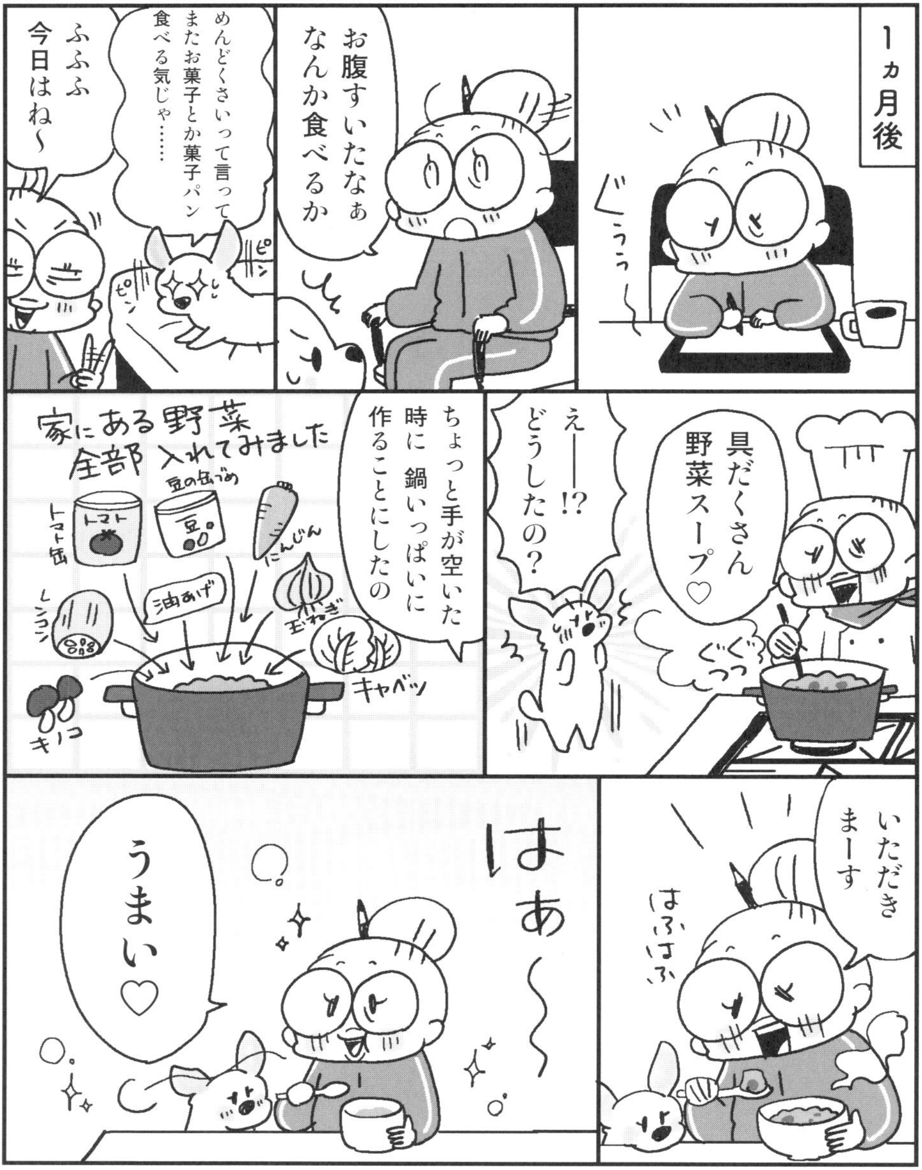

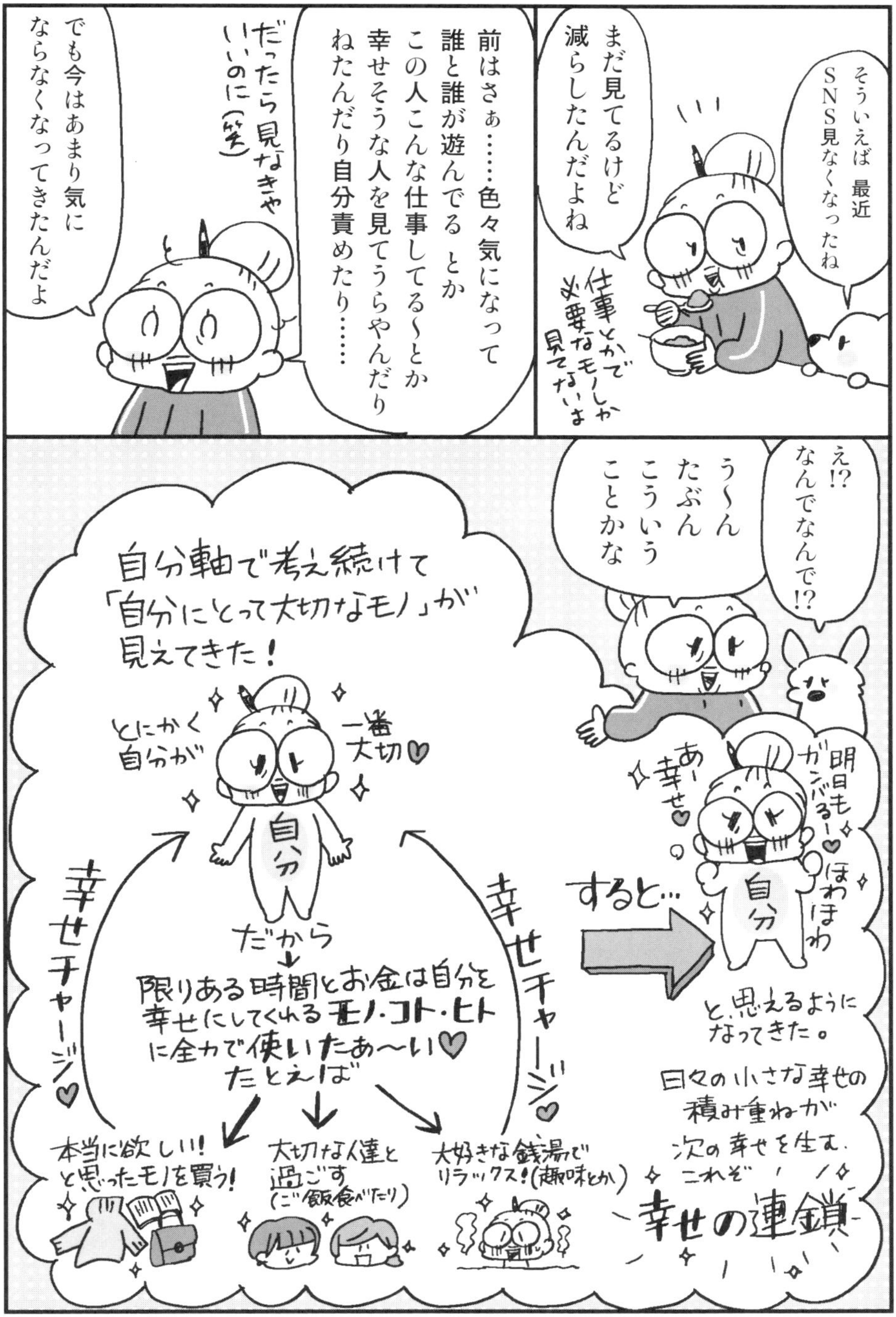
そういえば 最近
SNS見なくなったね
まだ見てるけど
減らしたんだよね
仕事とかで
必要なモノしか
見てないよ
前はさぁ……色々気になって
誰と誰が遊んでる とか
この人こんな仕事してる〜とか
幸せそうな人を見てうらやんだり
ねたんだり自分責めたり……
だったら見なきゃ
いいのに(笑)
でも今はあまり気に
ならなくなってきたんだよ
え!?
なんでなんで!?
う〜ん
たぶん
こういう
ことかな
自分軸で考え続けて
「自分にとって大切なモノ」が
見えてきた!
とにかく
自分が
一番
大切
自分
だから
限りある時間とお金は自分を
幸せにしてくれるモノ・コト・ヒト
に全力で使いたあ〜い
たとえば
本当に欲しい!!
と思ったモノを買う!
大切な人達と
過ごす
(ご飯食べたり)
大好きな銭湯で
リラックス!(趣味とか)
幸せチャージ
幸せチャージ
すると…
あ〜
幸せ
明日も
ガンバるー
ほわほわ
自分
と、思えるように
なってきた。
日々の小さな幸せの
積み重ねが
次の幸せを生む
これぞ
幸せの連鎖

他の人の幸せも成功も
他の人のもので それをうらやんでも
私は幸せにはならない
だって私の幸せは
あそこなんで♡
なとみの幸せ
キラーン
断捨離して 自分を見つめ続けたら
これからやりたいことも
いっぱい見つかって
さあて りくちゃん 行きましょうか
周り気にしてる
余裕がないの（笑）
そうなると仕事に対する
考え方も変わってきて
仕事＝お金
って だけじゃ なくて
仕事＝お金、達成感、満足感 社会とのつながり 承認欲求を 満たしてくれる
たくさん 私を満たして くれるもん なんだな～って
いい仕事をするためには
一緒に仕事をする人と
いい関係を作ることが
とっても大事！
ってあらためて思って
メールの文章や
電話の受け答えも
気をつけたらね
なとみさんの おかげで 良い作品が できました ありがとう ございました！
いやいや こちらこそ ありがとうござい ました
って仕事終わってから
感謝し合ったり
たたえたりっていうことが
増えてきたの
ほめられると単純に
嬉しいし 自信もつくし
私もその人に感謝するし
この仕事やってよかったな～
またガンバるぞ！ って
思えるの
仕事でも「幸せの連鎖」って
ことだよね♡

自分との対話で本当に大切なモノが見えてくるようになると
必要なモノだけを残して あとは手放すことができるの
ってやましたさんが言ってた通りだね 断捨離ってモノをただ捨てることじゃなくて自分ととことん向き合うってことなんだね
そいで 幸せの連鎖に自分を置き続けることが大切なんだね
うんうん♪
うんうん♪
って 考えられるようになってきた自分 なんかすっごく いいなぁ♡
うん……なんか
ゴロン
すっごく いい♪
ペロペロ

翌日
S師匠再来訪
断捨離したんだって？
そうなんだよ生まれ変わったわが家を師匠に見てもらいたくて
どーぞどーぞ
この片づけ名人に見てもらいたいとはいい度胸だ！
厳しくチェックさせてもらおう
リビング
おお〜〜
デスク＆ベッド
おお〜〜
クローゼット
おお〜
キッチンの収納
おおお〜〜！
すごい！超片づいたじゃん！
でしょー？

でも断捨離したわりになんかまだスッキリしてない気がしない？
ペッチンペッチン
あらま〜
だってやましたさんにアドバイスしてもらったんでしょ？この前やましたさんのお家SNSで見たけど超キレイだったよ
みわちゃん家もそうなるのかなって思ってたのに……
本棚とかは相変わらずマンガでパンパンだし
いや〜やましたさんの家みたいなのは無理よ 奥さん。そうよ〜断捨離マスターなのよ〜ねー！？
それにデスクの上のあれ……
ああタローとジローね
仲良しのおばあちゃんからもらった手作りの人形……
名前つけてんの!?
ジロー
タロー
断捨離ってあぁいうモノこそ手放すんじゃないの？
私があげたホットプレートもビールサーバーも手放したくせに…!!
ああ あのわんこ見てるとさっ

おばあちゃんの笑顔 思い出して こっちも笑顔になっちゃうの(笑)
お菓子食べる?
食べる〜
理事会にて
菓子
マンションで楽しかったことを思い出してさぁ あったかい気持ちになるのよ
すごいでしょ? 最強の神アイテム♡ だから私にはまだこの子たちが必要なんだな
いつもありがとね
……
それにさ私の家がやましたさんとか師匠の家みたいにキレ――イだったら 落ち着かないと思わない?
たしかに! それあたしも落ち着かないわっ!
でしょ〜!?
あっはっはっ!!
……まぁ
ちょっと雑なところもあるけどさ このゆるーい感じが**私の断捨離**なんだな
それと部屋に理想のテーマを決めると そのテーマに合った自分になっていくんだって!
だからわが家のテーマはズバリ「幸せ」! 私を幸せにする部屋!
ドーン!!
その部屋で私はね「あぁ〜 幸せだなぁ」って思えるモノ・コト・ヒトに包まれて生活するわけよ!
ね、なんか幸せそうでしょ?
マンガ

すっごいストレートだけど いいテーマじゃん！
……ところで～ 正直な話 断捨離したら 幸せになったの？
どーなの、どーなのー
うん なってきてると思う
きっと これからもっともっともっと 幸せになっていくと思う
…
っていうか 絶対に幸せになるから！
ま とにかく 今度はさ
ちゃんと寝て ちゃんと食べて
自分大事にすること わかった？
またチェックしにくるからね！
ああ…… 心がほわほわする やさしくて心地いい ずっとこういう気持ちでいたい
師匠！大好きー！！
わっ！何っ？ 気持ち悪いー！ はなせ！！
「幸せの連鎖」の中で なとみみわ 人生第2章の はじまりはじまり～♪

2ヵ月後
ん? ブルース?
ひとり暮らしをしている息子
息子ブルース
もしもし どうした?
……え?
えええっ!?
ひとり暮らしを満喫し始めた矢先
りくちゃんよろしくね
お世話になります……
わーい にいにだー
にいにだ
息子が1DKのマンションに転がり込んできた
やりたいことがありまして…
しかも……
わっ! ちょっと ブルース?
何それ!?
大量の荷物と共に……
これ? これは~ ぼくの~ 宝物♡
UFOキャッチャーでGETしたぬいぐるみ
フィギュア
ぬいぐるみ
推しキャラグッズ
うち狭いんだから 全部は無理だよ!?
何これ!? デカッ 捨てて!
あ——!! ダメダメダメ!!

これは初めてUFOキャッチャーでゲットした思い出のぬいぐるみなの！
他のモノも思い出いっぱいだし捨てるなんて無理～!!
ばっ
……でもこのボロボロの服とかスニーカーは捨てるよ？
これって着てるの？
う～ん 3年ぐらい着てないかな
3年!?
ボロ
二度と着ないわこんなのはい 捨て～♪
ガサー
ゴミ
え～!?
……捨てちゃうなんて
もったいなくない？
うるうるうるうる
あぁそうか息子もか……
大丈夫だよ息子が捨てられないなら
お母さんがぜーーんぶ捨ててア・ゲ・ル♡
ポン！
や…やめてー!!
全部捨てて自由になるのだ
ムーリ!!
おしまい

番外編
ひでこの部屋
本日のゲストはなとみさん家のりくちゃんです
やましたひでこさん
りくちゃんはずっとなとみさんを側で見てきたじゃない? 断捨離してなんか変化とかあった?
うん! すっごい変わったのお母さん!
ゲスト りくちゃん
あら、そう! どんな風に変わったの?
仕事が忙しいと、普通に散らかるんだけど…
仕事終わったらすぐ片づけるから
これ、いっつも言うだけで実際片づけたことなかったんだけど、今は本当にパパッて片づけちゃうの!!
モノ自体も減ったし、なとみさん自身の片づけのルールも確立できたのね
そんな感じ! …でもやっぱり一番変わったのって
お母さん自身かな〜
前はね、部屋が散らかってくるとどんどん「どうせ私なんか」とか、「もうダメだ」とか「自分大嫌い」とかどんどんネガティブになってどんどん余裕もなくなって泣きながら仕事しててね
うっうっうえーん
もうダメだ 私はダメだ ダメなんだ
ティッシュの山
…

なんか見てたら ちょっと かわいそうだったなあ…
でも 今は 本当に ネガティブ発言も減ってね。「自分嫌い!」って言っちゃったら「あ、ちがう! 自分ガンバってる 偉い! 大好き〜♡」って言い直したりしてる(笑)
あら〜 それは素晴らしい♡
なんかとっても楽になった感じ。「新生お母さん」って感じなの。
わっはっはっ ま、いっか。これが私だ!
せいや!
「新生お母さん」すごくいいじゃない♡ もしかしたら新しい出会いもあるかもね♡
あ〜〜〜 あるかもーー♡
きゃ〜〜!!
ぶ…
えっくしょい!!
…カゼひいたかなあ〜
あれ? りくちゃん? りくちゃんどこいった?
ズズ…
おーーい りくちゃーん
なとみさん 素敵な人生第2章の始まりね。ガンバって♡

おわりに

この度は最後まで読んでいただき
ありがとうございました。

断捨離は、始めてみるまで半信半疑な気持ちでしたが
自分のお城（汚城？）を片づけるということを通して、
自分自身と向き合うことができ、
日々の生活が変わってとても風通しのいい
暮らしができるようになりました。

これはひとり暮らしの私が体当たりで経験した
「私の断捨離」話です。

本にあるやり方の中で、「これは自分とは違うな」と
いうものがあれば、それはスッパリ潔く捨てて
自分らしいやり方を見つけていただければと思います。

こんな機会をくださった講談社さん、
監修者のやましたひでこさん、
デザイナーのアルビレオさん、
筆が遅い私をいつも温かく見守ってくれた編集Sさん!!
いつも私に力を与え続けてくれる、家族や友達、
そして読んでくださった皆さんに、
溢れんばかりの「ありがとう」を。

なとみみわ

コミックエッセイ

1ヵ《か》月《げつ》で いらないモノ 8割《わり》捨《す》てられた！

私《わたし》の断《だん》捨《しゃ》離《り》

2021年　9月13日　第1刷発行
2022年　3月16日　第3刷発行

著　者　なとみ みわ

監　修　やました ひでこ

発行者　鈴木章一

発行所　株式会社 講談社
〒112-8001 東京都文京区音羽2-12-21
電話　販売 (03)5395-3606
　　　業務 (03)5395-3615

編　集　株式会社講談社エディトリアル
代表　堺 公江
〒112-0013 東京都文京区音羽1-17-18
護国寺SIAビル6F
電話　編集部 (03)5319-2171

印刷所　大日本印刷株式会社

製本所　株式会社国宝社

KODANSHA

　ISBN978-4-06-524811-9

なとみみわ Miwa Natomi
イラストレーター。雑誌・広告・webでマンガやイラストを中心に幅広く制作。義母と家族、離れて暮らす実母とのエピソードをブログ「あっけらかん」にて連載。著書には『まいにちが、あっけらかん。』（つちや書店）、ブログが書籍化された『ばあさんとの愛しき日々』（イーストプレス）などがある。

やましたひでこ Hideko Yamashita
一般社団法人 断捨離®代表。東京都出身。早稲田大学文学部卒。学生時代に出逢ったヨガの行法哲学「断行・捨行・離行」に着想を得た「断捨離」を日常の「片付け」に落とし込み、誰もが実践可能な自己探訪のメソッドを構築。断捨離は、思考の新陳代謝をうながす発想の転換法でもある。処女作『断捨離』に続く、『俯瞰力』『自在力』（いずれもマガジンハウス）の三部作をはじめ、著作・監修含めた関連書籍は国内外累計600万部となるミリオンセラーになる。『モノが減ると心は潤う 簡単「断捨離」生活』『モノが減ると家事も減る 家事の断捨離』『モノを減らして愉快に生きる 定年後の断捨離』（いずれも大和書房）はロングセラーに。近著には『1日5分からの断捨離 モノが減ると時間が増える』（大和書房）がある。著書はヨーロッパ諸国をはじめ21言語に翻訳されている。
※断捨離®は商標登録です。無断商業使用はできません。

ブックデザイン　albireo